조선 선비들의 답사일번지

원학동猿鶴洞

조선 선비들의 답사일번지

남도 제일의 명승, 원학동

최석기

知&you
지앤유

저자의 말

나는 20여 년 전 남명 조식 선생이 지리산을 유람하고 쓴 유람록을 읽다가 "물을 보고 산을 보고, 그 산수 속에 깃들어 살던 고인을 보고, 그들이 살던 세상을 보았다.[看水看山 看人看世]"라는 문구를 보고서 책을 덮고 탄식을 하였다. 산수 유람은 단순히 산수의 아름다운 경치를 즐기는 데서 그치는 것이 아니라, 그 산수 속에 깃들어 산 고인을 만나고, 그들이 살던 세상을 돌아보며, 다시 내가 살고 있는 오늘날의 세상을 비추어 보아야 진정한 의미가 있다는 것을 새삼 깨달은 것이다.

나는 이 여덟 자 경구를 접한 뒤로, 여행이나 답사의 좌우명으로 삼았다. 그래서 유적지를 찾을 때마다 유물을 보는 데서 그치지 않고, 그분들의 정신이 무엇을 지향했는지를 알아보려 했고, 그분들이 어떤 세상을 꿈꾸었는지를 엿보려 했다.

또한 지리산유람록을 번역하면서 조선 시대 선비들이 아름다운 산수를 찾아 나서는 마음이 어디에 있었는지를 알게 되었다. 어떤 분은 천왕봉에 올라서 공자가 태산에 올라 천하를 작게 여긴 안목을 맛보고자 했고, 어떤 분은 청학동을 찾아 속세의 때가 묻지 않은 신선세계를 노닐고 싶어 했다. 그런데 그들은 이러한 데에서 그치지 않고, 공자가 '어진 사람은 산을 좋아하고 지혜로운 사람은 물을 좋아한다.'라고 한 요산요수樂山樂水의 의미를 산수 유람을 통해 체득하고자 하였다. 곧 산을 보고 물을 보면서 그 본원을 생각하고, 다시 자신에게 돌이켜 본성의 인仁과 지智를 생각한 것이다. 이처럼 조선 선비들은 산수 유람을 인지仁智를 체득하며 즐기는 것으로 생각하여 '인지지락仁智之樂'이라 하였으니, 요즘 우리들이 힐링을 표방하며 올레길이나 둘레길을 걷는 것과는 차원이 다른 여행이었다.

나는 또 지리학자들과 산수가 아름다운 동천洞天·구곡九曲을 찾아다니는 행운을 얻어 10년 동안 전국의 주요 명승을 답사하였다. 그러면서 많은 자료를 모으게 되었는데, 조선 선비들이 남긴 자료에는 한결같이 인지지락을 체험하고 고인을 만나 흠모하는 내용으로 가득하였다. 그러면서 조선 선비문화의 진정성은 바로 이런 데에 있다는 생각을 하게 되었고, 그것을 세상 사람들에게 알리고 싶었다.

우리는 20세기를 지나면서 조선 시대 선비들이 지향했던 이런 정신을 대부분 잃어버렸다. 그리하여 함양군 안의면 농월정弄月亭의 명칭에 무슨 뜻이 내포되어 있는지를 아는 사람이 없으며, 거창군 위천면 수승대 바위에 새겨진 이황李滉과 임훈林薰의 시에 어떤 사연이 숨겨져 있는지를 아는 사람이 없으며, 수승대 옆 구연서원 관수루觀水樓의 의미를 아는 사람이 없다.

원학동에서 가장 빼어난 수승대는 국민관광지가 되어 사철 사람들의 발길이 끊이질 않는다. 그런데 정작 수승대에 얽힌 그 많은 이야기를 아는 사람은 극히 드물다. 내가 이 책을 쓰게 된 동기도 그런 이야기를 세상에 널리 알려 우리의 수준 높은 선비문화가 이 땅에서 사라지지 않고 길이 계승되기를 바라는 마음에서였다. 아무쪼록 이 책을 통해 조선 선비들의 답사일번지였던 원학동이 새롭게 조명되어 선비문화 답사일번지가 되기를 희망해 본다.

이 책을 만드는 데 심혈을 기울여 주신 경상대학교 출판부 김종길 선생을 비롯한 직원 여러분들께 심심한 감사를 드린다. 아울러 귀중한 사진을 제공해 주신 관계 기관에도 감사를 드리고, 좋은 사진을 제공해 이 책을 빛나게 해 주신 사진작가 유근종 선생 및 출판부 김종길 선생에게 감사의 말씀을 드린다.

2015년 5월 1일

경상대학교 남명학관 산해실에서 최석기가 삼가 씀

차례

원학동의 명승과 그 속에 깃든 이야기

德裕山
金猿山
長水寺
靈覺寺
極樂庵
扶田山
西上洞
玉山倉
花林洞
黃石山
尋眞洞
星川書院
鄕校
鎭城山
西下洞
白雲山
黃巖祠宇
邑治
縣內
社稷壇
咸陽界
界

잊어버린 명승, 안의삼동安義三洞

덕유산의 아침. ©거창군청

조선 시대 답사일번지

조선 유생들이 가장 존경한 인물은 누구일까

학생들에게 가장 존경하는 역사적 인물을 말해 보라고 하면, 대개 세종대왕이나 이순신 장군이라고 한다. 이에 대해 우리는 조금도 이상하게 생각하지 않고 당연한 것으로 받아들인다. 언제부터 우리는 세종대왕과 이순신 장군을 이처럼 존경한 것일까? 조선 시대 유생들도 과연 그랬을까?

타임머신을 타고 19세기로 돌아가 유생들에게 가장 존경하는 역사적 인물을 말해 보라고 하면, 그 대답은 어떻게 나올까? 아마도 공자孔子가 일등을 차지하고, 맹자孟子와 주자朱子가 그 뒤를 이을 것이다. 그리고 우리나라 선현들 가운데는 이황李滉·조식曺植·이이李珥 등이 상위를 차지할 것이다. 그렇다면 세종대왕은 과연 몇 등이나 할까? 내 생각으로는 10등 안에 들지 못할 듯하다. 그 이유는 조선 시대 유생들 중 세종대왕을 롤 모델로 삼은 사람은 거의 없었을 것이기 때문이다.

이처럼 우리의 가치관은 불과 100여 년 만에 엄청난 변화를 가져왔다. 왜 그럴까? 가치의 척도가 달라졌기 때문이다. 조선 시대 유생들은 심성을 수양해 덕성을 드높이는 공부를 위주로 했기 때문에 중용의 덕을 지닌 도덕군자를 롤 모델로 하였다. 그래서 그들은 공자를 배우는 것을 목표로 삼았고, 공자의 제자 안회顔回처럼 안빈낙도하는 삶을 지향하였다. 나아가 정몽주鄭夢周처럼 절개를 지킨 인물을 도학道學의 시조로 여겼고, 그런 도통道統을 이어받은 도학자들이 존경의 대상이 되었다. 그러니 세종대왕은 조선 시대 유생들에게 롤 모델이 될 수 없었다.

또한 조선 시대 지식인들이 보편적으로 사용한 문자는 한문이었기 때문에 훈민정음을 창제한 세종의 위상이 그렇게 대단하지 않았다. 세종대왕이 급부상한 것은 광복 후 민족주의가 대두되고 한글을 보편적 문자로 사용하면서부터이다. 즉 한글이 한문을 대체하여 국민의 보편적 문자로 쓰이면서 민족의 독립적 자존을 한글에서 찾아 훈민정음을 창제한 세종을 우상화하였기 때문이다.

그런데 우리가 수준 높은 문명사회를 건설하기 위해서는, 훈민정음을 창제한 세종대왕을 떠받드는 일에 열중할 것인가, 아니면 공자 같은 보편적 진리를 전한 성인을 롤 모델로 하여 자신을 발전시키는 문화를 확산시킬 것인가를 다시 생각해 볼 필요가 있다. 어느 것이 나를 위해 더 유용할까? 어느 것이 성숙한 시민사회를 만드는 데 더 긴요할까? 우리는 이제 이런 생각을 하지 않으면 안 된다. 성왕을 숭상하는 것은 국민의 단결을 위해 필요하지만 자칫 전체주의나 폐쇄주의로 나아갈 위험성도 있다. 반면 성인을 롤 모델로 하여 군자가 되기를 바라는 것은 보편적인 진리를 추구하는 것이기 때문에 성숙한 시민사회를 건설하는 데 밑거름이 된다.

조선 선비들의 답사일번지는 어디였을까

우리가 유적지나 명승을 답사할 때의 시각도 가장 존경하는 인물을 세종대왕과 이순신 장군이라고 말하는 경우와 크게 다르지 않다. 누군가에 의해 주도되어 유행처럼 번진 대중문화에 길들여져서 역사적·문화적 진실에서 동떨어진 생각을 할 때가 더러 있다.

예컨대 유홍준 교수의 『나의문화유산답사기』가 온 국민의 애독서가 된 뒤로, 남도답사 일번지는 강진과 해남으로 각인되었다. 『나의문화유산답사기』 제1책 제1장이 '남도답사 일번지–강진·해남(1)'이다. 유 교수는 그 이유를 여러 가지로 제시하고서 "무엇보다도 조국강산의 아름다움을 가장 극명하게 보여 주는 산과 바다와 들판이 있기에 나는 주저없이 '일번지'라는 제목을 내걸고 있는 것이다."라고 하였다.[1)]

이러한 유 교수의 견해에 대해 모든 사람들이 암묵적으로 동의하고 있다. 수도권에 사는 사람들의 관점에서 보면, 해남 땅끝 마을은 한 번쯤 가 보고 싶은 여행지로서 충분한 매력이 있다. 또한 정약용丁若鏞 선생의 유배지가 있는 강진, 김정희金正喜 선생의 유적이 있는 해남 대흥사도 꼭 한 번 가 보고 싶은 곳임에 틀림없다. 거기에다 아름다운 산수가 어우러지고 넓은 들판이 펼쳐진 곳이니 금상첨화다.

그러나 엉뚱하게 "조선 시대 선비들도 과연 그렇게 생각했을까?"라고 질문을 던지고 나면, 고개를 갸우뚱거리게 된다. 그리고 다시 "조선 시대 선비들이 생각한 답사일번지는 어디였을까?"라고 자문해 보면, 머리가 복잡해진다.

금강산·지리산·한라산은 삼신산으로 일컬어지는 우리나라 최고의 명산이니, 누구나 한 번쯤 가 보고 싶은 곳이었을 것이다. 그러나 삼신산 가운데 지리산을 제외하고는 모두 현실세계에서 멀리 떨어져 있다. 지금이야 교통이 발달해 쉽게 갈 수 있지만, 예전에는 현실세계에서 멀리 떨어진 별천지였다. 지리산도 마찬가지다. 천왕봉이나 청학동을 찾아 나서는 것은 일반인들에게 결코 쉬운 일이 아니었다.

조선 시대 선비들이 가 보고 싶어한 답사일번지는 어디였을까? 이런 질문을 던지고 곰곰이 생각하다가 나는 문득 무릉도원武陵桃源을 떠올렸다. 무릉도원은 갈등이 없는 이상향이다. 이상향은 모든 사람들이 꿈꾸는 낙토樂土로 유토피아의 세계이다. 그곳은 사람이 살 수 있는 곳이며, 속세의 때가 묻지 않은 청정구역이며, 산수가 빼어나고 기이한 절경이 많은 명승지다. 이런 곳이 조선 시대 선비들의 답사일번지가 아니었을까?

그렇다면 이런 무릉도원이 현실세계에 있는 것일까? 있다면 그곳은 어디일까? 조선 시대 선비들이 무릉도원처럼 이상향으로 여긴 곳이 바로 경상도 안의삼동安義三洞이다.

영호남 제일의 명승, 안의삼동安義三洞

안의삼동은 어디인가

안의삼동은 요즘 사람들에게 낯선 이름이다. 그러나 불과 100여 년 전까지만 해도 백두대간 남쪽에서 제일 아름다운 명승으로 널리 알려진 곳이었다. 안의삼동은 조선 시대 행정구역으로 안의현安義縣에 속한 세 동천洞天을 말한다. 동천은 산으로 빙 둘러싸인 산속의 동네를 말한다.

안의삼동은 옛 안의현에 속한 화림동花林洞·심진동尋眞洞·원학동猿鶴洞을 가리킨다. 화림동은 현 경상남도 함양군 안의면·서하면·서상면 일대이고, 심진동은 현 함양군 안의면 용추계곡의 동천이며, 원학동은 현 거창군 마리면·위천면·북상면 일대이다. 북쪽에 원학동이 있고, 남쪽에 화림동이 있고, 그 중간에 심진동이 있다.

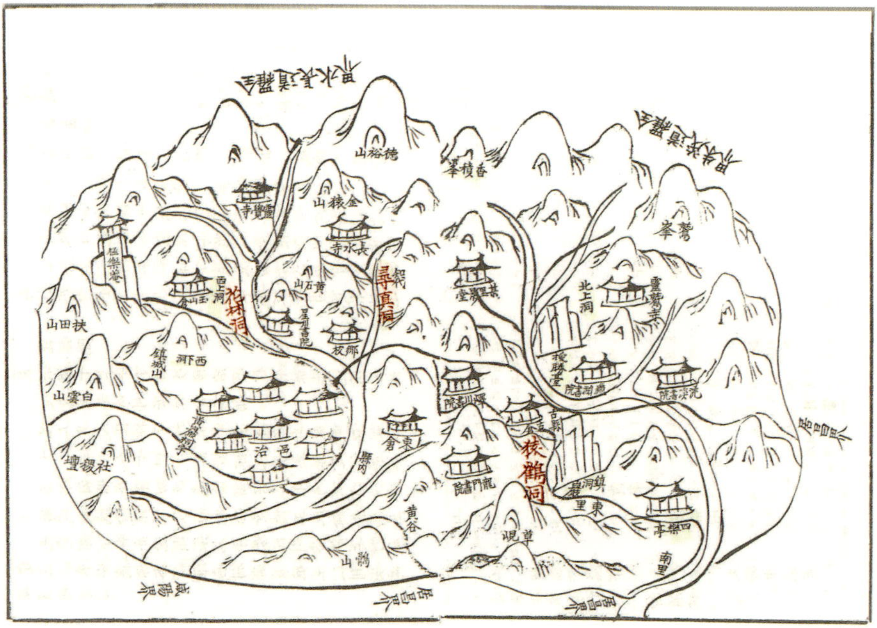

『경상도읍지』, 안의현, 서울대학교규장각 소장.

안의현은 조선 시대에 안음현安陰縣으로 불렸다. 조선 초기에 만들어진 『세종실록』 「지리지」에는 안음현의 연혁에 대해 다음과 같이 기록하고 있다.

이안현利安縣은 본디 마리현馬利縣이었는데, 신라 경덕왕이 지금의 이름으로 고쳐 천령군天嶺郡: 함양군의 영현領縣으로 삼았다. 감음현感陰縣은 본디 남내현南內縣이었는데, 신라 경덕왕 때 여만현餘萬縣으로 이름을 바꾸어 거창군居昌郡의 영현으로 삼았다. 고려 시대에는 지금의 감음현으로 이름을 고쳐 현종 무오년1018에 합주陜州: 합천 임내현任內縣에 붙였다가, 공양왕 경오년

1390에 감음현 감무監務를 두고 이안현을 이에 소속시켰다. 본조에 들어와서는 태종 17년 정유년1417에 두 현의 이름을 따서 안음현安陰縣으로 바꾸었다.[2)]

조선 시대에 이안현利安縣과 감음현感陰縣을 합치면서 이안현의 '안安' 자와 감음현의 '음陰' 자를 따서 안음현이라는 명칭이 생겨났다.[3)] 『세종실록』보다 뒤에 만들어진 『신증동국여지승람』에도 이와 유사하게 기록되어 있다. 이안현은 현 함양군 안의면 지역이고, 감음현은 현 거창군 마리면·위천면·북상면 지역이다.

이처럼 안의삼동이 있는 안음현은 조선 시대 독립 행정구역이었다. 동쪽과 북쪽은 거창군과 경계를 접하였으며, 서쪽은 전라도 장수현, 남쪽은 함양군과 경계를 접하였다. 지금은 경상남도 함양군 서상면·서하면·안의면과 거창군 북상면·위천면·마리면이 이에 해당한다.

안의는 조선 시대에 줄곧 안음현으로 불리다가, 1728년에 이 지역의 정희량鄭希亮이 난을 일으킴으로써 현을 폐지하여 함양군과 거창군에 분속시켰다. 그 뒤 1736년에 고을 유생 이성탁李聖擇의 상소로 다시 독립되었다. 1767년에는 산음현山陰縣, 산청군에 사는 7세 여자 아이가 자식을 낳은 해괴한 일이 발생하여 산음현을 산청군으로 바꾸었는데 그때 안음현도 '음陰' 자가 들어 있다는 이유로 왕명에 의해 안의현安義縣으로 고쳤다. 일제강점기인 1914년에 조선 총독부령에 의해 안의현을 폐지하여 원학동은 거창군에 편입시키고, 화림동과 심진동은 함양군에 편입시켰다. 그 당시 분할하여 분속한 행정구역이 지금까지 그대로 내려오고 있다.

「김창흡 초상」, 일본덴리대도서관 소장.

김창흡金昌翕, 1653-1722

김창흡의 자는 자익子益, 호는 삼연三淵, 본관은 안동이다. 영의정을 지낸 김수항金壽恒의 아들이자 영의정을 지낸 김창집金昌集, 예조 판서를 지낸 김창협金昌協의 아우이다. 이단상李端相에게 수학하였다. 진사시에 합격한 뒤 과거를 단념하고 학문에 전념하며 산수 유람을 즐겼다. 김창흡은 형 김창협과 함께 학문과 문장으로 이름을 크게 떨친 기호학파 학자이다. 저술로 『삼연집三淵集』이 있다.

안의삼동 명승이 영호남에서 으뜸

화림동·심진동·원학동은 백두대간 남동쪽 경사면에 형성된 동천으로 산수가 빼어난 곳이다. 신좌모申佐模, 1799-1877는 원학동 분설담噴雪潭에 이르러 "참으로 알겠구나, 안의삼동의 명승이 기이하고 빼어나기로는 영남에서 으뜸인 줄을."[4]이라고 노래하였다. 신좌모는 충청도 청원 출신으로 문과에 급제하여 벼슬살이를 하며 전국의 명승을 두루 둘러본 인물인데, 안의삼동의 경관에 대해 이처럼 감탄을 금치 못하였다.

신좌모보다 앞 시대의 사람인 심상규沈象奎, 1766-1838는 한 걸음 더 나아가 "안의삼동의 명승은 영호남에서 으뜸일세."[5]라고 하여, 영호남에서 가장 빼어난 곳으로 안의삼동을 지목하였다. 심상규는 19세기 초에 요직을 두루 거쳐 우의정에 오른 인물이다.

신좌모와 심상규는 모두 기호 지방 사람들인데, 이들의 눈에 비친 안의삼동은 영남 또는 영호남에서 제일 빼어난 명승으로 보였던 것이다. 그 이유는 바로 이곳이 무릉도원처럼 보였기 때문이다. 이처럼 안의삼동은 조선 시대 지식인들에게 남도의 가장 빼어난 명승으로 알려졌는데, 그것은 안의삼동이 무릉도원과 같은 탈속적 별천지로 인식되었기 때문이다.

조선 중기 문학가 김창흡金昌翕은 안의삼동을 모두 유람하고 여러 편의 시를 남겼는데, 안의삼동의 수려한 경관을 잘 표현하고 있다. 먼저 원학동을 노래한 시를 보기로 한다.

푸른 시내 쏟아지다 간혹 고인 깊은 못들,
하얀 바위 사이사이로 굽이치는 맑은 시내.
흰 물결 세찬 소리 여울물은 노기 띤 듯,
굽이굽이 깊은 골짜기엔 신령들이 깃든 듯.
얼굴 비추는 꽃그늘은 깊은 숲과 다름없고,
마음 밝히는 꽃동네엔 푸른 산이 안 보이네.
산모퉁이의 너럭바위 그중에서도 제일이니,
유리 같은 반석 위로 옥구슬이 튀어 오르네.

青溪高瀉間深停 白石橫斜與緯經
噴薄聲轟湍鼓怒 逶迤勢遠谷藏靈
華陰面目同幽藪 葩洞神情缺翠屛
最是迴巖大排布 琉璃盤上玉瓏玲

김창흡은 유리 같은 하얀 시내의 반석과 그 위로 튀어 오르는 옥구슬 같은 하얀 물방울을 원학동의 특징으로 포착하여 무릉도원의 이미지를 그려 내고 있다. 그리고 얼굴을 비추는 꽃그늘이며, 마음을 밝히는 꽃동네를 상징적 이미지로 노래하고 있다. 이런 곳이 무릉도원이 아니고 무엇이랴.

김창흡은 또 심진동을 다음과 같이 그려 냈다.

심진동은 굽이굽이 깊고도 그윽하니,
원학동은 심진동의 동생뻘로 보이네.

왕휘, 「도화어정도」, 대만국립고궁박물관 소장.

긴 뱀처럼 굽이치는 시냇물은 세차고,
백로가 나는 듯한 폭포가 길게 드리웠네.
벼랑에는 외로운 꽃이 가만히 웃고 있고,
구름 속엔 이상한 새가 주시하며 지저귀네.
처음 밟는 진경이 깨달음의 길 아니어서인지,
지팡이 짚고 돌길 걷다 보니 피로하게 하네.

尋眞數曲藴幽奇　鶴洞惟應弟視之
百折騰蛇溪亂走　半空翔鷺瀑高垂
崖龕寂寂孤花笑　雲碓嘈嘈怪鳥窺
初地金繩非覺路　據藜困石使人疲

시인은 깊고 그윽한 심진동을 원학동의 형님뻘로 표현하였다. 그리고 그곳의 굽이굽이 흐르는 골짜기를 긴 뱀에 비유하고, 하얀 물줄기를 내뿜는 기다란 폭포를 백로가 나는 것에 비유하였다. 그러면서 이곳이 이름에 어울리는 진경眞境이라 말하고 있다.

김창흡은 또 화림동을 다음과 같이 묘사하였다.

화림동 동천에 굽이굽이 가로막힘 없다면,
너럭바위에 시내 흐르는 하나의 큰 집이리.
평상처럼 넓어서 천 명은 앉을 수 있고,
헌악처럼 웅장하여 백 개나 매달 수 있네.
근원 있는 시내가 씻어 내도 때는 남지만,
바위 면은 갈아 내도 찌꺼기는 남지 않네.
얼룩과 광채 다 드러내니 작은 국량 아닌데,
게다가 영각사가 연하 속에 숨겨져 있다네.

花林洞府若無遮 自是巖流一大家
闊可胡牀千坐置 宏宜軒樂百懸加
泉源淘汰猶留垢 石面磨礱未遣渣
不掩瑕瑜非小局 况兼靈寺秘煙霞[6)]

시인은 화림동을 반석과 시내가 잘 어우러진 하나의 큰 집에 비유하였는데, 아마도 화림동 입구의 농월정 앞 경관을 그렇게 표현한 듯하다. 그곳은 반석이 넓게 펼쳐져 천 명은 앉을 수 있고, 양쪽 산언덕이 우뚝하여 악기를 수백 개나 매달아 놓을 수 있을 정도로 높다. 이곳 역시 탈속적 경계를 보여 주는 신선세계로 부족함이 없다.

이처럼 김창흡의 시에는 무릉도원처럼 느껴지는 원학동, 진인眞人이 살고 있을 것 같은 심진동, 농월정 앞의 넓은 너럭바위 위로 시내가 흐르는 화림동의 모습이 한 폭의 산수화처럼 펼쳐져 있다. 한양에 살던 안동 김씨 명문가의 후예가 안의삼동을 유람하고 이런 시를 남겼으니, 당시 안의삼동의 명승이 전국적으로 알려진 것을 알 수 있다.

금원산 계곡. ©거창군청

안의삼동의 지리와 명칭

안의삼동의 지리

원학동·심진동·화림동을 품은 안의현은 덕유산으로부터 백운산白雲山에 이르는 백두대간 남동쪽 경사면에 위치하고 있다. 북쪽에는 덕유산 향적봉香積峯이 우뚝 솟아 있으며, 주능선이 남쪽으로 뻗어 내려 남덕유산南德裕山이 되고, 다시 육십령을 지나 백운산白雲山이 된다. 동쪽으로는 북쪽에서 뻗어 내린 산줄기가 중간에 우뚝 솟아 호음산虎陰山이 되었다가 다시 남쪽으로 흘러내린다. 또한 중간에 남덕유산에서 한 줄기가 동쪽으로 뻗어 내려 월봉산·금원산·기백산·거망산·황석산이 되었다.

원학동은 북쪽으로 덕유산, 서남쪽으로 금원산과 기백산, 동쪽으로 호음산에 둘러싸인 동천이다. 화림동은 북쪽으로 남덕유산, 서쪽으로 백운산, 동쪽으로 월봉산·금원산·기백산·황석산에 둘러싸인 동천이다. 심진동은 요즘 '용추계곡'이라 불리는데 북쪽으로 금원산, 북동쪽으

안의삼동 지도.

로 기백산, 북서쪽으로 거망산, 서쪽으로 황석산에 둘러싸인 동천이다. 심진동은 계곡이 짧아 화림동·원학동에 비해 동천이 적으며 명승도 그리 많지 않다.

영조 때의 문장가 조구명趙龜命은 안의삼동에 대해 "오른쪽이 화림동이고, 왼쪽이 원학동이며, 그 중간이 심진동이다."[7]라고 하여, 백두대간을 중심에 두고 세 동천의 지형을 설명하고 있다. 이처럼 안의삼동은 북쪽에 원학동이 위치하고, 남쪽에 화림동이 위치하며, 그 중간에 심진동이 위치해 있다.

안의삼동 가운데 가장 넓은 구역이 원학동이다. 화림동은 남덕유산 영각사靈覺寺에서 안의면으로 흘러내리는 물줄기를 따라 형성된 계곡으로, 상류인 서상면과 중류인 서하면에는 유별난 명승이 없다. 서하면 송계리로부터 안의면 월림리에 이르는 계곡이 협곡으로 되어 있는데, 이 지역에 명승이 집중되어 있다. 심진동에는 안의면 상원리 용추폭포 아래쪽에 명승이 있는데, 범위가 그리 넓지 않다. 반면 원학동에는 거창군 북상면 갈계리 계곡의 갈천동, 월성리 계곡의 사선대·분설담·강선대·모리, 그리고 두 계곡이 합류해 흐르는 계곡에 위치한 용암정·수승대·척수암이 있다. 또한 금원산에서 동북쪽으로 흐르는 상천리 계곡의 유안청폭포·문바위, 위천면에서 마리면으로 이어지는 시냇가의 진동암·영승 마을 등 명승과 유적이 다양하고 명승에 깃든 문화유산이 다른 동천보다 매우 풍부하다.

안의삼동의 명칭과 의미

우리나라 최고의 정자거리, 화림동花林洞

화림동花林洞은 꽃과 초목이 어우러진 아름다운 골짜기라는 뜻이다. 안의면 소재지에서 4.5㎞쯤 위에 농월정弄月亭이 있는데, 농월정 앞에는 너럭바위가 넓게 펼쳐져 있고 시냇물이 그 위로 흐른다. 산이 좌우에 늘어서 있으며 골짜기의 경계가 넓어 흉금을 상쾌하게 한다. 농월정은 근래 화재로 소실되어 그 모습을 찾아볼 수 없다.

농월정 입구에서 국도를 따라 2.8㎞쯤 올라가면 왼쪽 시냇가에 동호정東湖亭이 있으며, 그 앞에 해를 가리는 천막처럼 생긴 큰 바위인 차일암遮日巖이 있다. 또 1.4㎞쯤 위 시냇가에 군자정君子亭이 있고, 시내 건너편에 영귀정詠歸亭이 있다. 동호정에서 0.5㎞쯤 올라가면 시내 한복판 바위 위에 거연정居然亭이 있다. 화림동에는 산수가 빼어난 곳에 이와 같은 정자들이 줄지어 늘어서 있었는데, 정자마다 산수에 은거하여 심신을 수양하며 자연의 이치에 순응하여 살고자 한 성리학적 인격완성을 추구하는 심오한 의미가 깃들어 있다.

전라도 담양은 면앙정·송강정·식영정·소쇄원 등 정자가 즐비하여 정자거리로 이름이 나 있다. 그곳은 가사문학의 산실이기 때문에 그런 명성을 얻은 것이다. 그러나 경관의 아름다움으로 말하면 화림동보다 빼어나다고 할 수 없다. 즉 산수의 경관으로 보면, 화림동은 우리나라 최고의 정자거리라 할 수 있다. 게다가 심성을 수양하는 성리학적 사유가 깃들어 있으니, 풍류를 노래하던 담양의 정자보다 그 의미가 더 심원하다.

화림동에는 명승이 여러 곳 있는데 대표적인 곳이 초입의 농월정弄月亭이다. 농월정은 대부분의 사람들이 '음풍농월吟風弄月'에서 따온 것으로 생각하지만, 농월정에는 음풍농월과는 너무도 거리가 먼 이야기가 숨어 있다.

농월정은 인근에 살던 조선 중기 학자 박명부朴明榑, 1571-1639가 지은

군자정. ©유근종

동호정. ©김종길

정자이다. 박명부는 정유명鄭惟明·정구鄭逑에게 수학한 인물로, 원학동 출신 정온鄭蘊과 절친하게 지냈다. 병자호란 때 인조가 청나라에 항복하자, 정온이 벼슬을 버리고 낙향하여 원학동 모리某里에 은거하였는데, 박명부도 정온처럼 고향으로 낙향하여 두문불출하였다.

박명부는 시내에 달이 비친 못을 '월연月淵'이라 명명하고, 정자의 이름을 '농월정'이라 하였다. 그가 '월연'이라 이름을 붙인 이유는, 이백李白의 「고풍사수古風四首」에 "제나라에 걸출한 선비가 있었으니, 노중련魯仲連이 특별히 고상하고 오묘했네. 명월이 바닷속에서 떠올라, 하루아침에 광명을 열었네.[齊有倜儻生 魯連特高妙 明月出海底 一朝開光耀]"라고 한 시구를 보고서 특별히 느낀 점이 있어 그렇게 명명한 것이다.

무슨 뜻일까? 연못 속에 비친 달은 그냥 명월이 아니다. 그 옛날 노중련의 정신을 그대로 간직한 달이다. 노중련은 전국 시대 제齊나라 사람으로, 진秦나라가 동쪽 6국을 병합하려 할 때, 연횡連橫을 주장하는 조

거연정. ©김종길

趙나라·위魏나라 사람들을 설득하면서 "진나라 임금을 섬기느니, 차라리 동해 바다에 빠져 죽겠다."라고 한 인물이다. 즉 무도한 세상에 굴욕적으로 사느니, 차라리 바다에 빠져 죽어 암흑 세상에 광명을 뿌리는 명월이 되겠다고 다짐한 사람이다. 노중련의 이 말은 후대 무도한 세상에 도의道義를 지키려는 지조로 받아들여졌으며, 난세에 도덕과 의리를 숭상하는 사람들은 노중련을 떠올리며 그 정신을 되새겼다.

박명부가 은거지의 이름을 '월연'이라 한 것도 이런 노중련의 정신이 깃든 달을 가슴속에 품은 것이다. 그리고 정자의 이름을 '농월정'이라 한 것은 노중련의 정신이 깃든 명월과 함께 노닐겠다는 의지를 표명한 것이다. 그러니 '농월'이라는 말은 바람이나 읊조리고 달이나 희롱하는 음풍농월을 가리키는 것이 아니다. 노중련의 정신으로 암흑 세상을 비추는

불타기 전의 농월정. ©김종길

명월을 벗하며 대의를 지키고자 한 고결한 정신을 드러낸 것이다.

이처럼 우리나라 최고의 정자거리 화림동은 초입인 농월정에서부터 유한한 수작과는 거리가 먼 차가운 강물에 비친 명월 같은 정신이 깃들어 있다. 아, 이 얼마나 장대한 정신인가.

진경과 진인을 찾는 심진동尋眞洞

심진동尋眞洞은 진경眞境·진인眞人을 찾는 동천이라는 뜻이다. 안의면 소재지에서 3번 국도를 따라 거창 방면으로 2㎞쯤 올라가다 보면 용추폭포로 향하는 갈림길이 나오는데, 그 골짜기가 용추계곡으로 예전에 심진동이라 부르던 곳이다. 1726년에 이곳을 유람한 조구명趙龜命은 「유심진동기遊尋眞洞記」에서 다음과 같이 말하고 있다.

냇물을 건너 10여 리를 가자 길가에 작은 바위가 있는데, '심진동尋眞洞' 이란 세 자가 새겨져 있다. 이 바위를 지나자 비로소 평평하지 않은 반석이 나타났고, 물이 비로소 고여 있는 곳이 있었다. 5~6리를 가 부담釜潭에 도착했다. 큰 바위가 펼쳐져 있는데, 중간이 절벽처럼 되어 있어 느리게 흐르던 물이 갑자기 한데 모여 깊은 못으로 떨어진다. 그 절벽 같은 바위 왼쪽에 분옥뢰噴玉瀨라는 글자가 새겨져 있다. 또 몇 리를 가면 채옹암菜甕巖이 있는데, 바위가 낮아져서 가마솥 같은 못이 되었다. 이곳은 물의 형세가 더욱 거세다. 절벽 좌우에 모두 용음뢰龍吟瀨라는 글씨가 새겨져 있다. 또 바위가 움푹 파인 곳이 있는데, 깊이가 몇 장丈은 될 듯하다. -중략- 수백 보를 가서 장수사에 이르렀다.[8)]

조구명은 안의삼동 중 심진동만 구경을 못하여 일부러 심진동을 유람하고 이 글을 지었다. 이 글을 보면, 심진동은 시내에 아름다운 못과 여울이 많은 명승임을 알 수 있다. 지금은 조구명이 말한 각자를 찾을 수가 없어 못내 아쉽다. 이 외에 이만부李萬敷, 1664-1732도 심진동을 유람하고 「심진동기尋眞洞記」를 남겼다.

심진동의 대표적인 명승은 용추폭포龍湫瀑布와 장수사長水寺인데, 장수사는 지금 폐허가 되어 일주문만 남아 있다.

장수사는 조선 전기 함양 출신 노진盧禛이 「유장수사기遊長水寺記」를 지어 알려지게 되었다. 노진은 이곳의 절경을 아래와 같이 묘사해 놓았는데, 이 글을 보면 심진동의 경관을 상상해 볼 수 있다.

조구명趙龜命, 1693-1737

자는 석여錫汝, 호는 동계東溪, 본관은 풍양이다. 우의정을 지낸 조상우趙相愚의 손자이자 첨정을 지낸 조태수趙泰壽의 아들로, 소론 명문가문 출신이다. 1711년에 진사시에 합격하였고 뒤에 문학이 있는 선비로 천거되어 공조 좌랑 등을 역임하였다. 저술로 『동계집東溪集』이 있다.

장수사 일주문. ©유근종

안의현 읍치 서쪽은 멀리 동서로 두 봉우리가 대치하고 있는데, 덕유산에서 뻗어 내린 산줄기가 굽이굽이 내려와 만들어진 것이다. 산줄기가 뻗어 내린 10여 리 사이는 빙 둘러 굽이지고 움푹하여 한 동네가 형성되었다. 그 봉우리가 조금 솟구쳐 우뚝한 것이 지우산智雨山이다. 지우산 아래에 물줄기의 근원이 있는데, 그 근원이 굽이굽이 흘러 한 곳에 이르면 천 길의 절벽이 있고, 튀어 오르는 물방울이 세차게 쏟아져 내려 완연히 1천 자나 되는 긴 비단을 하늘에서 드리운 듯한 것이 있는데, 그곳이 바로 폭포이다. 폭포 아래에 하얀 물결이 빙빙 돌아 안개와 운무를 서리게 하며, 하얀 기운이 하늘에 뻗쳐 하늘을 볼 수 없는 곳이 바로 용추龍湫이다. 용추에서 골짜기 입구까지는 암석이 평평하게 펼쳐져 있고, 시냇물이 굽이굽이 흘러

옥이 굴러가는 듯한 소리를 내는 곳이 곳곳에 있다. 용추 위쪽에는 큰 사찰이 있는데 이름이 장수사이며, 불가의 선원禪院으로 단청이 찬란하다. 구경꾼들이 모두 이곳에서 구경을 끝낸다. 그 남쪽 한쪽 구석에 세 칸의 누각이 있는데, 거기서 용추를 내려다본다. 고목 수십 그루가 절벽에 드문드문 서 있다. 그 누각에 올라 밖을 보면, 하늘의 은하수가 아래로 드리운 듯하여 황홀하다. 이 모습은 흰 무지개가 빛나는 허공에 드리운 것과는 다르다. 깊은 못은 매우 깊어 검푸른 색이다. 바위 구멍은 기괴하여 경악을 금치 못하며 무어라고 형상할 수 없다. 그러므로 여러 군의 산수의 아름다움을 자랑하는 자들은 반드시 지우산을 으뜸으로 치고, 여러 사찰의 빼어남을 품평하는 자들도 반드시 장수사를 첫 번째로 일컫는다. 그러나 땅이 외지고 터가 깊숙하여 문인들이나 유사儒士들은 대부분 그 명승을 모른다. 먼 곳으로부터 와서 유람하는 자가 드물기 때문에 이름 또한 낯설다.[9)]

심진동에서는 용추폭포가 단연 최고의 명승이다. 깊숙한 골짜기로 쏟아져 내리는 폭포수를 보면 한여름에도 절로 시원한 느낌이 든다. 또한 폭포 아래의 시퍼런 못은 용이 살고 있다고 생각할 정도로 깊이를 헤아릴 수 없다.

노진 『옥계집』 목판, 국립중앙박물관 소장.

노진盧禛, 1518–1578

자는 자응子膺, 호는 옥계玉溪, 본관은 풍천豐川이다. 함양 출신으로 예조 참판을 지낸 노숙동盧叔仝의 증손이다. 1537년에 생원시에 합격하고, 1546년에 문과시험에 급제하여 경상도 관찰사, 예조 판서 등을 역임하였다. 조식曺植을 종유하였으며, 기대승奇大升·김인후金麟厚·노수신盧守愼 등 당대 명사들과 교유하였다. 저술로 『옥계집玉溪集』이 있다.

용추폭포 상부. ©김종길

용추폭포. ©김종길

진동암의 「원학동」 각자. ©김종길

은자가 숨어 사는 원학동猿鶴洞

원학동猿鶴洞이란 명칭은 두 가지로 추정할 수 있다. 하나는 『고문진보』에 실린 「북산이문北山移文」에 "초막이 텅 비어 밤에는 학이 원망하고, 산인이 떠나가자 새벽에 원숭이가 놀라네.[蕙帳空兮夜鶴怨 山人去兮曉猿驚]"라는 문구에서 연유한 것으로, 은자가 숨어 사는 깊은 산중을 의미한다는 설이며, 다른 하나는 원학동 서쪽에 있는 금원산의 '금원金猿'과 원학동에 살았다고 하는 '청학靑鶴'이 합해져 '금빛 원숭이'와 '푸른 학'이 사는 속세와 동떨어진 고을이라는 뜻에서 원학동이라는 이름이 생겨났다고 하는 설이다. 이 두 가지 설 모두 은자가 사는 곳을 상징하기 때문에 원학동은 '은자가 숨어 사는 동네'라는 뜻으로 붙여진 이름임을 알 수 있다. 원학동 경관에 대해서는 뒤에서 상세히 거론하기로 한다.

안의현의 풍속과 문화

안의현의 풍속과 문화

조선 전기에 지은 『신증동국여지승람』에는 안의현의 풍속에 대해 "사람들이 강하고 사나우며 다투기를 좋아한다."[10]라고 하였다. 그런데 조선 후기에 만든 『여지도서輿地圖書』에는 "정여창鄭汝昌이 고을의 원을 지낸 뒤, 유현儒賢이 배출되어 풍속이 크게 변했다."라고 하면서 "사람들이 절의와 검소를 숭상한다.[崇節尙儉]"라고 하였다.[11] 이를 입증이라도 하듯, 이중환李重煥의 『택리지』에는 "덕유산 동남쪽이 안음현이다. 이곳은 동계桐溪 정온鄭蘊의 고향이다."라고 하고서, 다른 언급 없이 정온의 절의節義에 대해서만 기록해 놓고 있다.[12]

이를 보면 안의현의 풍속은 본래 사람들의 기질이 강하고 사나워 다투기를 좋아하였는데, 조선 시대 유교의 교화에 의해 절의를 숭상하고 검소함을 숭상하는 문화로 바뀐 것을 알 수 있다. 안의현은 일찍부터

임훈 고가. ©김종길

임운 고가. ©김종길

정여창·임훈林薰 같은 유학자가 거주하여 유교의 교화에 의해 풍속이 아름다운 고장으로 변화되었으며, 정온이 만년에 대명의리를 지킴으로써 절의의 고장으로 거듭났다. 그러므로 안의는 산수가 아름다울 뿐만 아니라, 순후한 유풍儒風과 불변의 지조를 지키는 사람들이 사는 고을로 명성을 얻게 되었다.

갈천동의 아름다운 풍속

신좌모申佐模는 갈천동을 유람하면서 갈천동의 아름다운 풍속을 다음과 같이 노래하였다.

안음현 동북쪽의 갈천동 골짜기에,
갈천의 후손들이 독서하며 농사짓네.
질박한 의관에는 예전 풍속 배어 있고,
환한 얼굴 화락한 시가詩歌에는 여운이 있네.
깊은 골의 원숭이와 학은 누가 주인이고 손인가,
외진 곳에서 형제들이 오순도순 사는구나.
명승지를 찾는 데는 좋은 벗이 필요하지,
이번 걸음 참으로 평생 잊지 못하리라.

安陰東北葛川坪 葛老遺孫讀並耕
簡朴衣冠多古意 春容雅頌有餘聲

洞深猿鶴誰賓主　壤僻漁樵共弟兄
勝地搜尋兼勝友　此行眞不負平生[13)]

신좌모는 임훈의 후손들이 세거하는 갈천동에서 깊은 감명을 받은 듯하다. 그는 농사를 지으며 독서하는 사람들이 사는 고을의 풍속, 예전의 풍속이 그대로 남아 있는 질박한 복장, 밝은 얼굴에 화락한 시가를 노래할 줄 아는 사람들, 형제들이 모여 오순도순 살아가는 생활 등을 보면서 무릉도원을 찾은 듯한 감회를 느끼고 있다. 임훈 형제는 효성과 우애로 널리 이름이 났고, 효자로서 정려까지 하사받은 사람들이다. 그런 예스러운 풍속이 그대로 보전된 갈천동은 요순시대의 순후한 풍속을 그대로 간직하고 살아가는 곳으로 시인의 눈에 보였던 것이다.

안의삼동의 으뜸,

원학동猿鶴洞

요수정. ©김종길

사선대 ©유근종

수승대 ©유근종

가선정 ©최석기

월성계곡 내계폭포. ©거창군청

안의삼동 중 가장 빼어난 원학동

어디든 아름답지 않은 곳이 없다

안의삼동을 유람한 구한말의 송병선宋秉璿은 화림동·심진동·원학동을 총평하면서 다음과 같이 말하였다.

> 안의삼동을 통합해 논하여 그 우열을 정하자면, 원학동에는 그윽하고 외진 곳에 송대松臺가 있고, 기이하고 수려한 수승대가 있으니, 당연히 가장 빼어난 곳이 된다. 그러므로 화림동과 심진동은 원학동에 비하기가 어렵다. 화림동의 밝은 시내와 하얀 반석은 곳곳에 정자를 지을 만하고, 심진동 한 구역은 "붕새가 구만리 상공에 뜨니 바람이 그 밑에 있다."라는 말처럼 세속에서 동떨어져 있다. 그러니 이는 손작孫綽이 반악潘岳과 육기陸機의 문장을 평하면서 "반악의 시는 비단을 펼쳐 놓은 것처럼 찬란하여 아

름답지 않은 곳이 없고, 육기의 시는 모래를 헤치며 금을 캐는 것 같아 왕왕 보배로운 점을 볼 수 있다."라고 한 것과 같구나.[1]

손작은 중국 진晉나라 때 사람으로 산수 유람을 즐기며 「수초부遂初賦」, 「천태산부天台山賦」 등 명문을 남긴 인물이다. 반악과 육기는 모두 진나라 때 명사들로 문명을 날린 사람들인데, 손작은 반악의 글을 '비단을 펼쳐 놓은 것과 같아 어느 곳인들 아름답지 않은 곳이 없다.'라고 하여 구구절절이 아름답다고 평했다. 송병선은 이러한 손작의 말에 의거해 안의삼동을 비유하면서 원학동을 손작의 글에, 화림동·심진동을 육기의 글에 비유하여 원학동이 삼동 가운데 가장 빼어나다고 하였다. 송병선의 이 한마디 품평으로 원학동은 명승 중에 명승으로 거듭나게 되었다.

연재 송병선 선생 문집 책판(유형문화재 제312호), 성암사 소장.

송병선宋秉璿, 1836-1905

자는 화옥華玉, 호는 연재淵齋, 본관은 은진이다. 충청도 회덕 출신으로 송시열의 9세손이며, 부친은 송면수宋勉洙이다. 백부 송달수宋達洙에게 성리학과 예학을 배웠다. 여러 차례 관직에 제수되었으나 나아가지 않았다. 1905년에 일제가 무력으로 을사늑약을 체결하자, 을사오적을 토벌하라는 상소를 올렸다. 그해 12월에 국권을 강탈당하자, 통분을 금치 못하여 유서를 남긴 채 독약을 마시고 자결하였다. 저술로 『연재집淵齋集』이 있다.

진동암. ©유근종

현인이 살던 곳으로 이름난 고을

자연경관으로만 보면 화림동은 수석이 빼어난 곳에 지은 정자가 일품이고, 심신동은 깊숙한 골짜기의 폭포가 장관이며, 원학동은 송대·수승대·강선대·진동암 등 시냇가 바위가 빼어나다. 즉 각각의 독특한 특징이 있다. 그러나 그곳에 펼쳐진 문화로 보면 화림동·심진동은 원학동만 못하다. 원학동에는 유학자들이 세거하여 효자로 정려가 내려진 인물이 있고, 대의를 지켜 은거한 인물이 있다. 따라서 산수가 빼어날 뿐만이 아니라, 일찍부터 인문학이 발달한 곳이다.

구한말 장석영張錫英, 1851-1929은 원학동을 유람하며 아래와 같이 읊었다.

해동의 우리나라 명승이 많기도 한데,
그중에도 금원산이 유독 아름답다네.
땅은 외지지만 그 이름은 널리 알려져서,
현인은 떠났지만 사람들 발길 끊이질 않네.
신선이 솜씨를 부려 만든 이곳에,
속세의 객이 찾아와 흉금을 씻네.
벽면에 시 있어도 탁본할 수 없으니,
헛되이 이 산의 언덕을 지나는구나.

左海多名勝 金猿獨擅佳
地僻名猶闡 人亡跡不埋
仙靈排掌蹠 俗客洗胸懷
有詩摸不得 虛過此山厓[2)]

이 시는 수승대에서 읊은 것인데, '금원산이 유독 아름답다'는 것은 원학동의 산수를 말한 것으로, 우리나라 명승 중에서 원학동이 가장 아름답다고 한 것이나 다름없다. 시인은 원학동이 궁벽한 곳에 위치해 있지만 이름이 널리 알려진 것은 산수가 아름다울 뿐만 아니라 현인들이 살았기 때문이라는 점을 말하고 있다. 우리는 여기서 '산수는 스스로 이름이 나지 않고 현인을 통해 이름이 난다.'라고 한 당나라 때 유종원柳宗元의 말을 실감하게 된다.

원학동의 명칭과 범위

원학동의 명칭은 어떤 의미일까

원학동은 위천이 흘러내리는 물줄기를 따라 형성되어 있다. 원학동이라는 명칭에 대해 명확한 근거가 될 만한 자료는 없다. 그러나 앞에서 간략히 언급했듯이, 두 가지 정도로 추정해 볼 수 있다. 하나는 『고문진보』에 실린 공치규孔稚圭가 지은 「북산이문北山移文」에 "초막이 텅 비어 밤에는 학이 원망하고, 산인이 떠나가자 새벽에 원숭이가 놀라네.[蕙帳空兮夜鶴怨 山人去兮曉猿驚]"라는 문구에서 연유한 말로, 은자가 숨어 사는 깊은 산중을 의미한다는 설이다. 대체로 중국 고전에서는 은자가 원숭이와 학을 벗하기 때문에 원학은 은자가 사는 곳을 상징한다.

다른 하나는 이건창李建昌이 지은 「수송대가愁送臺歌」에 "산마루 위의 금빛 원숭이는 나와서 축수를 하고, 이 동네의 푸른 학은 자리에 내려와 춤을 추네.[嶺上金猿出獻壽 洞中靑鶴來舞席]"라고 한 것에서 추측할 수 있는

데, 금원산金猿山의 '금빛 원숭이[金猿]'와 이 동네에 살았던 '청학青鶴'이 합해져 원학동이라는 이름이 생겨났다고 하는 설이다.

원학동 입구에 있는 진동암鎭洞巖에서 척수암滌愁巖에 이르는 중간에 '학담鶴潭'이 있었던 것을 보면, 이 동네에 학이 살고 있었음을 알 수 있다. 설령 그것이 학이 아니라 백로라 할지라도, 이곳이 무릉도원이나 신선계로 인식되었기 때문에 학이라는 이미지를 얼마든지 상상할 수 있다. 그래서 금원산에 사는 '금빛 원숭이'와 이 동네에 사는 '푸른 학'이 합해 원학동이 된 것으로 추정된다.

금원산이라는 명칭은 이만부李萬敷의 「원학동기猿鶴洞記」에 '금원산 아래의 작은 바위로 된 산들이 마치 창을 세워 놓은 듯이 뾰족하여 금원촌金猿村이라 부른다.'라고 한 것에 의거해 보면, 금원산의 바위들이 원숭

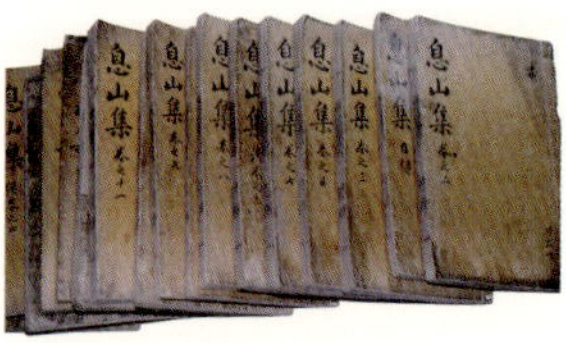

『식산집』, 개인 소장.

이만부李萬敷, 1664-1732

자는 중서仲舒, 호는 식산息山, 본관은 연안이다. 이조 판서를 지낸 이관징李觀徵의 손자로, 가학을 이어받아 정주학에 심취하였다. 근기 남인계 집안 출신으로 영남 퇴계학파 인물들과 교유하였으며, 중년에는 경북 상주로 이주하여 학문에 전념하였다. 이익李瀷의 형들과 교유하였으며, 이익에게 학문적 영향을 미쳤다. 조식을 제향하는 덕천서원의 원장을 지내기도 하였다. 저술로 『식산집息山集』·『도동편道東編』 등이 있다.

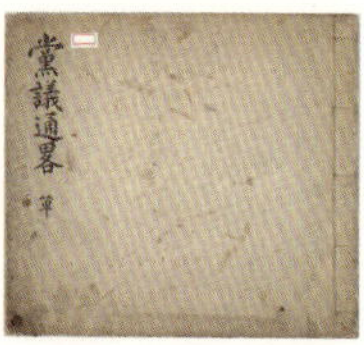

『당의통략』, 문경새재박물관 소장.

이건창李建昌, 1852-1898

자는 봉조鳳朝, 호는 영재寧齋, 본관은 전주이다. 이조 판서를 지낸 이시원李是遠의 손자이다. 개성에서 태어나 강화에 주로 살았다. 15세에 문과시험에 급제하여 문명을 날렸으며, 수차 암행어사로 나아가 관리들의 비리를 적발하였다. 갑오경장 이후로는 관직을 사양하고 귀향하였다. 김택영金澤榮·황현黃玹 등 당대 문장가들과 어깨를 나란히 했으며, 학문은 가학을 통해 양명학을 종지로 하는 강화학파江華學派의 학풍을 이었다. 저술로 『명미당집明美堂集』·『당의통략黨議通略』 등이 있다.

이가 지붕 위에 옹기종기 모여 앉아 있는 듯한 모습이어서 그런 이름이 붙여진 듯하다.

이처럼 원학동의 명칭은 두 가지로 추측해 볼 수 있는데, 이건창이 주장한 금원산金猿山의 '원猿' 자와 학동鶴洞의 '학鶴' 자가 합쳐져 만들어진 이름이라는 설이 현실세계의 지명에서 연유한 것이기 때문에 보다 친근한 감이 있다. 거기에다 임훈과 같은 은군자隱君子가 사는 곳이었기 때문에 원숭이와 학이 사는 무릉도원과 같은 이미지가 더해진 듯하다.

원학동의 범위는 어디까지일까

원학동은 마리면 영승리의 영승 마을로부터 시작하여 진동암鎭洞巖을 거쳐 위천면 소재지 근처에 있는 척수암滌愁巖·수승대搜勝臺에 이르고, 다시 갈천동葛川洞을 거쳐 월성계곡月星溪谷 상류의 사선대四仙巖, 松臺에 이르는 공간을 통틀어 말한다.

원학동의 중심지는 위천면 소재지로, 그곳에 원학동의 대표적 명승인 수승대가 있다. 즉 수승대가 원학동의 중심에 해당한다. 수승대를 중심에 두고 보면, 서쪽으로 금원산이 있고, 북쪽으로 덕유산이 있다. 금원산 동쪽으로 흘러내리는 시내가 산상천인데, 그 상류에 문바위와 가섭암지 및 유안청폭포儒案廳瀑布가 있다. 지금은 이곳에 금원산자연휴양림이 들어서 있다.

월성계곡의 봄. ©거창박물관

수승대 위쪽으로 올라가면, 북상면 소재지가 있는 삼거리가 나오는데, 서쪽은 월성계곡이고, 그 북쪽은 갈계리·소정리이다. 갈계리는 조선 전기 효자로 정려가 내린 임훈林薰·임운林芸 형제들이 살던 곳이다.

북상면 소재지에서 월성계곡으로 조금 올라가면 농산리 시냇가에 강선대降仙臺·모암정帽巖亭이 나오며, 강선대 마을 뒤쪽 산 중턱에 정온鄭蘊이 은거한 모리재某里齋가 있다. 또 월성계곡 창선리 시내에는 분설담噴雪潭이 있으며, 그 위 월성리 시냇가에 사선대四仙臺가 있다.

이런 원학동의 문화지리적 공간을 조선 중기 이만부李萬敷는 아래와 같이 묘사해 놓았다.

덕유산 동남쪽을 원학동이라 한다. 원학동 아래가 바로 옛 감은현感陰縣 관아 터이다. 동계桐溪 정온鄭蘊 일가가 그곳에 대대로 살았다. 마을 서쪽 작은 산은 모든 바위가 창을 세워 놓은 듯이 뾰족뾰족하여 별명으로 금원촌金猿村이라 한다. 마을 동쪽은 큰 바위가 시내를 누르고 있는 것이 세 개 있는데, 그곳을 척수암滌愁巖이라 한다. 거기서 서남쪽으로 돌아 시내를 따라 1백 보쯤 가면, 비교할 만한 바위가 없을 정도로 큰 바위 하나가 있다. 그 위의 움푹 파인 곳은 돌을 채워 놓아 수십 명이 둘러앉을 수 있다. 주변에는 노송老松도 있고 고송枯松도 있는데, 노송은 녹음이 짙고 고송은 세월의 빛깔을 머금고 있다. 앞의 시냇물은 깊어 검푸른 빛을 띤다. 이곳을 수송대愁送臺라 부른다. 옛날 이퇴계李退溪 선생이 수송대를 수승대搜勝臺라 이름을 바꾸었다. 그러자 임갈천林葛川이 시를 지어 수송愁送의 뜻을 풀이하면서 '봄을 보내는 것도 시름이고 그대 보내는 것도 시름일 텐데.'라는 말을 한 것이 있다. 수송대로부터 5~6리쯤 가서 석문을 지나면 갈천동葛川洞으로 들어간다. 동네가 다시 광활하게 펼쳐지고, 숲과 산기슭이 동네를 에워싸고 있어 한 구역의 별천지를 이루었다. 갈천이 그의 동생 첨모당瞻慕堂과 은거하며 사이좋게 지내던 곳이다. 이들의 두 정려가 마을 입구에 있으니, 본받을 만하다. 조금 북쪽에 병담정사屛潭精舍가 있는데, 임씨林氏의 별장이다. 다시 서쪽으로 올라가면 바윗돌이 더욱 희어지고, 물은 더욱 세차게 흐른다. 상하 몇 리의 시내가 대체로 그와 같은데, 이름이 붙여진 곳으로는 첫 번째가 회암滙巖이다. 회암 남쪽에 모리某里라고 부르는 작은 골짜기가 있는데, 동계가 은거하던 유적이 있다. 두 번째가 부연釜淵이고, 세 번째가 외순암外筍巖이고, 네 번째가 내순암內筍巖이고, 다섯 번째가 종연鐘淵이고, 여섯 번째가 송암松巖이다. 층층의 바위는 깨끗하고, 맑은 물은

사선대 설경. ©최석기

쉬지 않고 흐르며, 물가의 꽃들이 찬란하게 피었고, 새들도 한가하고 고요함을 즐겨 유람객을 따라오며 지저귄다. 다시 산기슭 하나를 넘으면 월성月城이란 곳이 나온다. 그 넓이는 갈천동에 비해 3분의 1밖에 되지 않고, 사는 사람도 그쯤 된다. 그 서쪽을 남령藍嶺이라 하는데, 원학동이 여기에서 끝이 난다.[3)]

이만부는 위천면 소재지에서 척수암을 거쳐 수승대에 이르고, 다시 갈천동으로 올라간 뒤 왼쪽 월성계곡으로 들어가 송암松巖까지 유람하였다. 송암은 송대松臺로 요즘 사선대四仙臺라 부르는 곳이다. 이것이 조선시대 유학자들이 찾았던 원학동의 개관이다.

원학동의 문화원형

사대부들이 은거하여 수학하던 공간

원학동은 안의삼동 중 사대부들이 가장 많이 살던 곳이다. 『여지도서』 인물 조에는 안의현의 인물로 고려 시대 하천河千·이예李芮, 조선 시대 임득번林得蕃·임훈林薰·신권愼權·정유명鄭惟明·성팽년成彭年·정온鄭蘊·박명부朴明榑·신수이愼守彝 등을 기록하고 있다. 임득번은 임훈의 부친이며, 정유명은 정온의 부친이다. 임훈은 조식과 벗한 인물이고, 임운·정유명은 조식의 문인이며, 정온은 정인홍의 문인이고, 박명부는 정구鄭逑의 문인이다. 이를 보면 16세기 이후 안의 출신 유학자들은 대부분 조식과 임훈의 영향을 받은 인물임을 알 수 있다.

위 인물 가운데 박명부만 화림동에 살았고, 나머지는 모두 원학동에 살았다. 이런 점에서 원학동은 화림동·심진동과 확연히 구별되는 특징이 있다. 즉 원학동은 산수만 빼어난 곳일 뿐만이 아니라, 경제적 기반이 되는 농지가 있어 사대부들이 세거한 동천이라는 점이다.

원학동을 노래한 시를 통해 우리는 원학동이 무릉도원으로 인식되었을 뿐만 아니라, 임훈·신권·정온 등 명현들이 살던 곳으로 문화전통이 있던 고장임을 알 수 있다. 1580년에 이곳을 유람하다가 임훈을 방문한 민인백閔仁伯, 1552-1626은 임훈의 용모와 인품에 대해 다음과 같이 기록해 놓았다.

> 그 뒤 나는 안음 영승동迎勝洞으로 들어갔다. 갈천 임훈의 옛집이 이곳에 있다. 내가 방문하여 명함을 올리자, 곧 나와서 나를 맞이하였다. 연세가 여든이 넘었는데, 수염과 눈썹이 하얗게 세었으며, 용모가 단정하고 말소리가 분명했다. 참으로 물외의 난새이고 학이었다. 그 집의 문을 보니, 붉은 정려가 두 개나 서 있었다. 모두 효자라고 일컬으니, 하나는 갈천이고, 다른 하나는 그의 동생 참봉 임운林芸이다. 닭을 잡고 밥을 지어 나를 대접했다. 얼마 뒤 연소한 유생 4명이 와서 자리했는데, 다 같이 사방 이웃 고을 수령의 현부賢否에 대해 말하였다. 대체로 나의 장인이 당시 거창현감으로 있는 것을 알고서 이런 말을 한 듯하다. 그들의 논설이 매우 예리했는데, 갈천은 한마디 말도 없었다. 그들의 말이 끝나자, 갈천이 말하기를 "그대들은 말만 능하여 이런 말을 하는 것이다. 만약 그 자리에 당해 보면, 그 또한 쉽지 않을 것이다."라고 하였다.[4)]

민인백은 임훈을 난새와 학에 비유하며 경륜이 있는 노숙한 학자로 묘사하고, 원학동을 그의 영향을 받은 유생들이 여럿 살고 있는 문화가 있는 고을로 그려 놓았다. 이를 통해 우리는 원학동이 일찍부터 유학이 뿌리를 내린 문헌의 고장이었음을 알 수 있다. 아래의 시도 원학동이 문향文鄕이었음을 말해 준다.

세상사 아득하여 말로 할 수 없으니,
처마 끝의 달만 보며 이런저런 생각.
혼자 떠난 이번 길에 밤새 나눈 대화,
훗날 저승에서 만나 상세히 논합시다.

世事悠悠不可言 幾憑樑月費神魂
此行孤負連床話 他日泉臺倘細論[5)]

이 시는 임운의 후손으로 삼가三嘉에 살던 임진부林眞怤, 1586-1658가 원학동에 사는 어느 노인에게 준 것이다. 임진부는 이흘李屹의 문인으로 17세기 남명학파의 주요 인물 중 한 사람이다. 이 시에 나오는 '원학동에 사는 어느 노인'이 누구를 지칭하는 지는 알 수 없으나, 임진부와 밤새 대화를 나눌 정도로 지식이 있는 사람임은 틀림없다.

원학동에는 대대로 임씨林氏·신씨愼氏·정씨鄭氏·성씨成氏 등이 세거하였다. 그중에 특히 임씨와 신씨가 많았다. 그래서인지 이들과 교분이 있는 사람들은 원학동을 유람하면서 이들의 서재에서 묵어가는 경우가 많았다. 아래 시가 이런 정황을 보여 준다.

명승 찾아 서쪽으로 떠남은 내 타고난 성정,
짚신에 죽장 짚고 일부러 느릿느릿 걸어가네.
갖가지로 빼어난 수석을 마음껏 구경하고,

요수정. ©김종길

기이한 꽃과 새들의 이름 천천히 물어보네.
이곳의 학은 나의 방문 더디다 나무라고,
숲 속의 원숭이들도 이미 학들과 결맹했네.
이곳 주인 선군의 뜻을 저버리지 않고,
나그네를 환대한다는 소문 익히 들었네.

探勝西來踐本情 芒鞋竹杖故徐行
耽看水石參差勝 懶問花禽怪異名
洞鶴雖譏遲我訪 林猿已結與渠盟
主人不負先君意 剩得陳遵好客聲[6)]

이 시는 의령 설뫼 마을에 살던 안덕문安德文이 지은 것이다. 「원학동을 유람할 적에 갈천 임씨의 전장에 머물며」라는 이 시의 제목을 보면, 임훈의 후손들은 선조의 유지를 받들어 유람객들을 반갑게 맞이하여 대접했던 듯하다.

기호 지방에 살던 송명흠宋明欽, 1705-1768은 원학동을 유람할 적에 이택전李宅銓의 집에 묵으며 그가 소장하고 있던 김창흡金昌翕의 시를 보고 다음과 같은 시를 지었다.

시냇가 노송이 늘어선 곳 수승대에,
다시 찾아오니 흡사 친구를 만난 듯.
물속에 비친 백발 부끄럽기만 한데,
집 주위 나무들 푸른 봄빛 머금었네.
아름다운 약속 신의 도움 있었으리,
맑은 담소 나누며 도의 진수 맛보네.
언제나 이런 곳에 초가 한 채 짓고서,
거문고에 시 읊으며 한평생을 보내리.

搜勝老松石 重來似故人
映溪羞白髮 樹屋負青春

안덕문安德文, 1747-1811

자는 장중章仲, 호는 의암宜庵, 본관은 탐진耽津이다. 경남 의령군 부림면 설뫼 마을에 대대로 살았다. 평생 어느 학맥에 속하지 않고 조선 시대 영남 학문을 주도한 이언적李彦迪·이황李滉·조식曺植 세 선생을 모두 존경하면서 사숙하였다. 그리하여 이 세 선현을 모신 옥산서원玉山書院·도산서원陶山書院·덕천서원德川書院을 삼산서원으로 칭하고, 화공에게 서원도를 그리게 하여 집안에 걸어 놓고 보면서 늘 경모하는 마음을 가졌다.

佳約疑神助 淸談味道眞
何時茅棟就 絃誦百年新[7)]

기호 지방의 학자 송준길宋浚吉이 원학동에 우거寓居한 적이 있으며, 김창흡이 안의삼동을 유람하고 시를 남긴 것이 있다. 이후로 기호 지방 학자들은 이들의 시문을 통해 이곳의 산수가 아름답다는 소문을 듣고 찾는 사람들이 많았던 듯하다.

현실세계에서 찾은 무릉도원

예전부터 무릉도원으로 알려진 곳

원학동은 예전부터 무릉도원으로 일컬어졌다. 기호 지방의 학자 오숙吳翩, 1592-1634은 「유수송대기游愁送臺記」에서 다음과 같이 말하고 있다.

「동춘당」 현판.

송준길宋浚吉, 1606-1672

자는 명보明甫, 호는 동춘당同春堂, 본관은 은진이다. 충청도 회덕 출신으로 송이창宋爾昌의 아들이며, 김장생金長生에게 수학하였다. 1624년에 진사가 된 뒤, 학행으로 천거되어 이조 판서 등을 지냈다. 송시열과 같은 집안사람으로 정치적·사상적으로 뜻을 같이 하였으며 특히 예학에 밝았다. 저술로『동춘당집同春堂集』이 있다.

김윤겸, 「순암」(월성계곡 장군바위), 동아대학교박물관 소장.

> 덕유산 남쪽에 한 동천이 있는데 원학동이라 한다. 이곳은 옛날 처사 갈천 임훈이 살던 곳으로, 세상 사람들은 무릉도원이라 부른다. 맑은 시내와 하얀 반석이 아래위로 10여 리나 펼쳐져 있다. 명승을 찾는 도구가 없으면 그 근원에 이를 수 없다.[8)]

이처럼 원학동은 17세기 초에 이미 기호 지방 사람들에게까지 무릉도원으로 알려져 있었다. 원학동이 명승으로 이름을 얻게 된 것은 자연 경관의 아름다움 때문이기도 하지만, 이 무릉도원이라는 이미지가 더해져 더욱 유명해진 것이다.

무릉도원은 어떤 곳인가? 중국 진晉나라 때 전원시인 도연명陶淵明이 지은 「도화원기桃花源記」에 나오는 별천지를 말한다. 전국 시대 말 진시황이 6국을 통일한 뒤 민중들은 전쟁과 토목 공사에 끌려 나가 온전한 삶을 누릴 수 없었다. 그런 포악한 정치를 피해 관리의 발길이 미치지 않는 별천지로 찾아들어 태평스럽게 살아가는 사람들의 이야기를 적어 놓은 글이 바로 「도화원기」이다. 그러므로 무릉도원이란 속세의 티끌이 미치지 않는 별천지를 의미한다.

「도화원기」를 보면, 어부가 물결에 떠내려오는 복사꽃을 따라 상류까지 올라가 작은 동굴 안으로 들어갔더니 툭 트인 드넓은 별천지가 펼쳐져 있는 모습이 있는데, 그 모습을 다음과 같이 묘사하고 있다.

> 토지는 평평하고 드넓으며, 집들은 가지런히 늘어서 있는데 기름진 농토와 아름다운 연못 및 뽕나무·대나무 숲이 있었다. 사방으로 길이 통해

「김장생 초상」, 국립중앙박물관 소장.

김장생金長生, 1548-1631

자는 희원希元, 호는 사계沙溪, 본관은 광산光山이다. 김계휘金繼輝의 아들로 이이李珥·송익필宋翼弼에게 수학하였다. 학행으로 천거되어 벼슬길에 나아가 철원부사 등을 지내다가 낙향하여 학문에 전념하였다. 인조반정 이후 다시 출사하여 동지중추부사 등을 지냈다. 율곡 이이의 학통을 계승하여 성리학과 예학을 발전시켰으며, 문하에 송시열·송준길 등 다수의 학자들이 배출되어 기호학파를 형성하는 데 큰 영향을 끼쳤다. 저술로 『사계전서沙溪全書』·『경서변의經書辨疑』·『상례비요喪禮備要』 등이 있다.

있었는데 닭이 울고 개가 짖는 소리가 서로 들릴 지경이었다. 이 마을에서 왕래하며 농사를 짓는 사람들의 옷차림은 외부 세계 사람들과 모두 같았다. 노인들이나 어린아이들이나 다 기쁜 표정으로 스스로 즐겁게 살아가고 있었다.[9]

무릉도원은 정치적 압박이 미치지 않아 백성들이 기쁜 표정으로 즐겁게 살아가는 평화로운 세계를 가리킨다. 그런 세계는 어느 시대 사람들에게나 이상향이었다. 외부적 억압으로 인해 고통을 당하지 않고 부지런히 일해 안락하게 살 수 있는 세상은 그 어느 곳보다 행복한 곳이다. 원학동은 바로 이런 무릉도원의 이미지가 자리 잡고 있다. 그래서 이곳을 그리워하는 사람들이 많았던 것이다.

다섯 가지 한가로움을 얻을 수 있는 곳

원학동은 무릉도원의 이미지 때문에 영리에 급급해하는 세속의 분주함을 멀리하여 삶의 여유와 마음의 평화를 얻을 수 있는 곳이다. 오국헌吳國獻, 1599-1672은 17세기에 원학동을 유람하며 이런 의미를 다음과 같이 노래했다.

원학동을 향해서 가고 또 가는데,
동네 안에 다시 청산이 나타나네.
청산이 수석과 잘 어우러져 있으니,
열흘 동안 한가함을 얻을 수 있겠구나.

行行向鶴洞 洞裏更青山
青山兼水石 要得一句閒

오늘은 삼월 열사흘 날,
산을 나왔다 다시 들어가네.
어지러이 속세에서 분주한 사람들,
어찌 알리 나의 관대한 한가로움을.

三月十三日 出山更入山
紛紛遊俗子 焉識我寬閒

내가 가는 삼십 리 길 원학동,
아름다운 물과 또 아름다운 산.
티끌세상 이제는 멀리 벗어났으니,
저절로 일신의 한가로움 얻는구나.

我行三十里 麗水又佳山
雜塵從此遠 自得一身閒

지팡이 짚고 구름 속을 지나니,
구름 속이 바로 청산이로세.
청산은 길이길이 이곳에 있어,
사시사철 일없이 한가롭구나.

携杖穿雲裏 雲裏卽靑山

靑山長在此 無事四時閒

열흘 동안 유람한 나그네,
꽃을 찾아 저 산에 올랐네.
지저귀는 숲 속의 저 새들은,
내 마음의 한가로움 잘 알리.

十日遊觀客 探花陟彼山
間關林下鳥 能識我心閒[10)]

오국헌은 경상도 단성 출신으로 김장생金長生에게 수학한 인물이다. 위의 시는 연작시로 시상이 담박하고 청신하다. 시인은 5수 모두 결구結句에서 '한가로움'을 말하고 있다. 제1수에서는 '열흘의 한가로움', 제2수에서는 '관대한 마음의 한가로움', 제3수에서는 '일신의 한가로움', 제4수에서는 '사계절의 한가로움', 제5수에는 한껏 편안해진 '마음의 한가로움'을 말하고 있다. 그리고 티끌세상에서 멀리 떨어진 이곳에 청산과 수석이 끝없이 펼쳐지고, 꽃이 지천으로 피어 있고, 새들이 한가롭게 노래하는 태평스러운 정경을 노래하고 있다. 이 시는 다섯 가지 한가로움을 말하여 무릉도원의 이미지를 한껏 묘사해 낸 작품이다. 시인이 이렇게 느낀 세상이 바로 무릉도원으로 일컬어진 원학동이다.

임훈(좌)과 임운(우) 형제 고가의 정려문. ©김종길

효우孝友와 절의節義의 고장

임훈 형제의 효우와 정온의 절의가 서린 곳

임훈林薰과 임운林芸은 부친상을 당해 시묘살이를 할 적에 한 번도 여막 밖으로 출입하지 않을 정도로 효성이 지극했던 인물이다. 그런 효성이 세상에 알려져 1564년에 두 형제에게 정려가 내려졌고 지금도 길가에 효자정려비각이 있다. 원학동은 임훈·임운 형제에 의해 효자가 사는 고을로 이름이 났다. 또한 그들은 우애가 남달라 남들의 본보기가 되었으므로 효우로 일컬어졌다.

또한 원학동은 명나라가 망하고 청나라가 들어서던 시기에 대명의리大明義理를 주장한 정온鄭蘊의 고향으로, 그가 만년에 모리재某里齋에 은거하여 청나라 책력을 보지 않음으로써 더욱 유명해지게 되었다. 정온은 우리 역사상 절의節義를 목숨보다 귀중하게 여긴 대표적인 인물로 일컬어진다.

상주에 살던 이만부李萬敷는 원학동을 유람하면서 장편시를 지었는데, 그 가운데 일부를 인용해 본다.

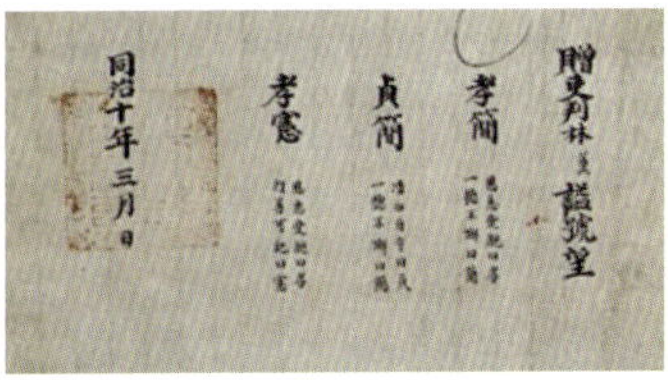

갈천 선생 문집 책판 및 첨모당 선생 문집 책판(유형문화재 제168호), 갈계리 임씨 고가 소장.

임훈林薰, 1500-1584

자는 중성仲成, 호는 갈천葛川, 본관은 은진이며 안의현 갈천동에 살았다. 진사 임득번林得蕃의 아들로, 1540년에 생원시에 합격하여 성균관에 유학하였으며, 천거로 사직서 참봉 등을 지냈다. 이후 여러 차례 관직에 제수되었으나 나아가지 않고 은거하였다. 1564년에 효행으로 정려旌閭를 하사 받았으며, 1566년에 경학에 밝고 행실이 닦여진 선비로 뽑혀 언양현감에 제수되었다. 이후 비례현감, 광주목사 등을 지낸 뒤 고향으로 돌아왔다. 임훈은 사화기에 은거하여 학문에 전념하면서 심성수양의 실천에 힘을 쏟아 당대 경상우도 지역에서 중망을 받는 학자가 되었으며, 조식·이황 등 당대 석학들과 교유하여 학덕으로 인정을 받았다. 저술로 『갈천집葛川集』이 있다.

임운林芸, 1517-1572

자는 언성彦成, 호는 첨모당瞻慕堂, 본관은 은진이다. 임훈의 동생으로 안의현 갈천동에 살았다. 조식에게 수학하였으며, 1564년에 효행으로 정려를 하사받았으며, 1567년에 천거로 사직서 참봉 등에 제수되었다.

두 효자가 연이어 난 마을이라 하지,
길손은 두 정려비에 경건함을 표하네.
돌계단과 푸른 봉우리 하나가 되니,
힘을 다해 오르며 쉴 틈이 없네.
고개 들어 바라보다 천천히 돌아보니,
아래는 점점이 보이고 위는 쭈뼛쭈뼛.
모리의 은거지는 황량하기 그지없네,
의리 위한 그의 절개 따르기 어렵구나.
세월이 흘러 눈에 띄는 풍경 새롭건만,
높은 숲은 봄이 되어도 적막하기만 하네.
아득히 곤륜산의 신선세계 떠올리며,
험한 산길 오르면서 장난삼아 찾아본다.

稱是二連里　過者雙旋式
石棧靑嶂合　冥搜猶未息
矯首更遲回　指點仰崱屴
某里鳩巢荒　難追蹈海跡
時序刺眼新　高林春寂寂
杳然玄圃想　歷險探弄劇[11)]

시인은 원학동을 유람하면서 산수의 아름다움과 신선세계를 동경하지만, 거기에서 그치고 않고 정려를 하사받은 효자 임훈·임운과 의리를 지키기 위해 청나라 책력을 보지 않은 정온을 떠올리고 있다. 이처럼 원학동은 경관이 아름다운 명승일 뿐만 아니라, 명현의 정신이 깃들어 있는 곳으로 후인들은 기억하고 있다.

조선 후기 이만운李萬運, 1723-1797의 시에도 그런 정서가 드러나 있다.

동네 문은 기뻐하며 맞이하는 듯하고,
원숭이와 학은 놀라지 않고 가만히 있네.
명승을 찾는 사람 산길 다할까 걱정일 뿐,
그윽한 경치 즐기니 절로 발걸음이 가볍네.
눈이 내린 듯이 바위는 모두 하얗고,
옥이 구르는 듯 시내는 온통 졸졸졸.
모리의 유허지 그대로 남아 있어,
높은 풍모 흠모하며 청렴을 되새기네.

정온 선생 문집 책판(유형문화재 제321호), 거창박물관 소장.

정온鄭蘊, 1569-1641

자는 휘원輝遠, 호는 동계桐溪, 본관은 초계이며 안의현 원학동에 살았다. 진사 정유명鄭惟明의 아들로, 정인홍鄭仁弘에게 수학하였다. 1601년에 진사가 되고, 1610년에 문과시험에 급제하여 이조 참판 등을 지냈다. 임해군의 옥사 때 전은설全恩說을 주장하였고, 영창대군이 피살되자 격렬한 상소를 올렸다가 제주로 유배되었다. 인조반정 이후 다시 등용되어 대사간·대제학 등을 역임하였다. 1636년 병자호란 때 인조를 호종하여 남한산성에 들어갔는데, 청나라와 화친하기로 조정의 의논이 모아지자 오랑캐에게 항복하는 것을 수치스럽게 여겨 자결을 시도하였다. 이후 관직에서 물러나 낙향한 뒤 인근 모리某里에 은거하여 청나라 책력을 보지 않고 지내며 대명의리大明義理를 지켰다.

洞門喜似迎 猿鶴靜無驚
探勝懼山盡 耽幽覺步輕
雪鋪皆石色 玉振摠谿聲
某里遺墟在 高風拂面淸[12)]

이만운은 경상도 칠곡柒谷 출신으로 1796년에 안의현감에 제수되었는데, 아마 그 당시에 원학동을 유람한 듯하다. 위의 시에는 시내의 하얀 반석과 맑은 물이 아름답게 묘사되어 있다. 그러나 그 역시 그런 산수의 아름다움을 노래하는 데서 그치지 않고, 정온이 살던 모리를 바라보며 그의 의리와 절개를 되새기고 있다.

갈천에서 생긴 구름, 동계에서 흘러온 시내

18세기 조술도趙述道, 1729-1803는 수승대를 찾아 다음과 같은 시를 지었다.

선계를 두루 찾아 바위 이끼 헤치는데,
척수암 위에 다시 근심 푸는 수송대라.
구름은 갈천葛川에서 생겨 바위에 기대어 자고,
시내는 동계桐溪에서 흘러 산모서리 돌고 도네.
한평생 찾아 노닌 곳 모두 빼어난 경관,
짚신 신고 삼일 동안 티끌세상 벗어났네.
봄 막걸리 마시고 소나무 그늘에 누우니,
강의 새가 지저귀는 소리 다시 들리누나.

踏遍靈區破石苔 滌愁仍上送愁臺
雲生葛峽依巖宿 水下桐溪繞岬迴
杖履百年皆勝躅 芒鞋三日絶塵埃
春醪細酌松間臥 更有一聲江鳥來[13)]

조술도는 경북 영양 출신으로 김낙행金樂行, 1708-1766에게 수학한 안동권 학자인데, 이황李滉, 1501-1570이 이름을 바꾼 수승대를 시제로 삼지 않고 수송대라는 제목으로 이 시를 썼다. 이 시는 수승대의 빼어난 경관을 노래하지 않고, 임훈과 정온에 비중을 두어 '구름은 갈천에서 일어나고, 시내는 동계에서 흘러온 것'이라고 노래한 것이 이채롭다.

이 시 제2구는 척수암의 '척수滌愁'와 수송대의 '수송愁送'이라는 의미를 잘 살려 형용한 것이다. 즉 시인은 장소의 역사적 의미를 되살려 이 시를 쓴 것이다. 또한 수승대에서 임훈과 정온을 직접 거론하지는 않았지만, 제3구와 제4구의 은유법을 통해 장소적 이미지가 그곳의 명현과 결부되도록 묘하게 그려 냈으므로 이 시를 읽으며 임훈과 정온을 떠올리지 않을 사람이 없을 것이다. 이런 점에서 이 시는 대단히 성공한 작품이다.

원학동이 최고의 명승으로 거듭난 이유

원학동은 사대부들이 은거하여 학문을 닦던 고장, 현실 속에서 찾은 무릉도원, 효우와 절의의 고장이라는 이미지를 모두 갖고 있다. 원학동은 이 세 가지 아름다움을 모두 갖춘 명승 동천이다. 이런 점에서 영호남에서 가장 빼어난 명승으로 일컬어진 것이다. 또한 위와 같은 특징을 모두 갖춘 명승은 우리나라 어디에서도 찾아볼 수 없다. 그러므로 조선 시대 선비들이 찾아보고 싶은 답사일번지였던 것이다. 그리고 필자는 선비문화체험의 답사일번지로, 또 길 위의 인문학 답사일번지로 원학동을 첫 손가락에 꼽는다. 우리의 마음을 넉넉하게 하고 정신을 곧추세우는 데 이곳보다 더 좋은 여행지는 없을 것이다.

원학동의 꽃,
수승대搜勝臺

©유근종

搜勝臺

©유근종

수승대(국가지정 명승 제53호)의 겨울. ©거창군청

수승대의 네 가지 이름

수승대 벽면에 새겨진 조영석趙榮祏의 아래와 같은 시를 보면, 수승대에는 네 가지 이름이 있었던 것을 알 수 있다.

> 신라 백제 때부터 전한 이름 수송대愁送臺이고,
> 요수 선생이 개명한 이름은 암구대巖龜臺이며,
> 퇴계 선생이 내린 이름은 수승대搜勝臺이고,
> 신씨 집안 유풍으로는 요수대樂水臺라 하네.
>
> 羅濟傳名愁送臺 樂水改名巖龜臺
> 退溪錫名搜勝臺 遺風誦名樂水臺

이 시는 조영석이 안의현감으로 근무하다 1743년에 임기가 만료되어 떠날 때 남긴 것으로 추정된다.[1] 이 시를 보면, 삼국 시대 이후로는 수송대愁送臺로 불리다가, 조선 시대로 들어와 신권愼權이 차지한 뒤로부터 암

조영석, 「관수도」, 선문대박물관 소장.

조영석趙榮祏, 1686-1761

자는 종보宗甫, 호는 관아재觀我齋, 본관은 함안이다. 군수를 지낸 조해趙楷의 아들로, 이희조李喜朝에게 수학하였다. 1713년에 진사시에 합격한 뒤 천거로 등용되어 안의현감, 돈녕부 도정 등을 지냈다. 조영석은 정선鄭敾·심사정沈師正과 함께 삼재三才로 일컬어지는 조선 후기의 유명한 화가로, 특히 풍속화의 성행을 이끈 인물이다. 저술로 『관아재고觀我齋稿』가 있으며, 후손들이 그의 작품을 모아 만든 『사제첩麝臍帖』이 있다.

구대巖龜臺로 불렸고, 1543년에 이황李滉이 수승대搜勝臺로 개명하였으며, 신권의 후손들은 선조의 호를 따서 요수대樂水臺라 불렀던 것을 알 수 있다.

이처럼 수승대에는 네 가지 이름이 있었는데, 이 외에도 구연대龜淵臺·모현대慕賢臺 등의 이름이 더 발견된다. 구연대는 '구연龜淵에 있는 대'라는 뜻으로 붙인 이름이며, 모현대는 '현인을 존모하는 대'라는 뜻으로 붙인 이름이다. 구연은 거북바위와 연못이라는 의미를 따서 붙인 이름으로 수승대 주변의 경관을 형상한 것이며, 모현은 이곳에서 유적을 남긴 선현들을 존모하여 붙인 이름이다. 그러나 삼국 시대부터 수송대로 불리다가 조선 시대 이황이 개명한 뒤로는 수승대라는 명칭이 일반적으로 통용되었다.

수승대의 경관 이미지

안의삼동 중 가장 빼어나다

수승대는 안의삼동 가운데 가장 빼어난 곳으로 인식되었다. 의령에 살던 안덕문安德文은 안의삼동을 다 유람하고 수승대에 이르러 아래와 같이 노래했다.

안의삼동을 두루 유람했는데,
이 수승대가 가장 아름답구나.
들고 가는 술병에선 출렁이는 소리 들리고,
벽에 새겨진 글씨 찾느라 이끼를 쓸어 내네.
물과 달빛에 퇴계 선생의 자취가 서려 있어,
가을바람에 나그네 회포 멀리 날려 보내네.
움직일 때나 고요할 때나 이치는 밝고 밝아,
맑은 물결이 비취빛 언덕을 감싸고 있네.

遍盡遊三洞　有臺稱最佳
攜壺窺酒呷　尋篆掃苔埋
水月先生跡　秋風遠客懷
動靜昭然理　淸波繞翠崖[2)]

이 시에 보이는 것처럼 안덕문은 안의삼동 가운데 수승대를 가장 아름답다고 평했다. 이 시 제5구에 "물과 달빛에 퇴계 선생의 자취가 서려 있다."라고 한 것을 보면, 작자는 수승대가 가장 아름다운 이유를 빼어난 경관에 선현의 자취가 더해진 점에서 찾은 것을 알 수 있다.

단성丹城에 살던 김인섭金麟燮, 1827-1903도 안의삼동 가운데 수승대가 가장 빼어나다고 평하며 아래와 같은 시를 지었다.

안음현 원학동에 있는 수승대,
수석이 아름답다 모두 말하네.
안의삼동 가운데 가장 빼어나서,
오래도록 그 명성 변치 않았네.
일찍이 꿈속에서 구경했었는데,
이제 비로소 흉금을 펴 보는구나.
서까래만 한 붓이 없음 한스러워라,
만길 절벽에 큰 글씨 써 넣을 텐데.

安陰搜勝臺　水石素稱佳
三洞勝尤最　千秋名不埋

「최익현 초상」, 국립중앙박물관 소장.

최익현崔益鉉, 1833-1906

본관은 경주, 자는 찬겸贊謙, 호는 면암勉菴이다. 이항로李恒老에게 수학하였으며, 1855년에 명경과에 급제하여 호조 참판 등을 지냈다. 민씨 일족의 폐단을 비판하는 상소를 올렸다가 1873년에 제주로 유배된 뒤, 관직생활을 청산하고 위정척사의 길을 걸었다. 을사늑약이 체결되자 무효를 주장하며 오적의 처단을 주장하였다. 이를 계기로 무력적 항일의병운동으로 전환하였으나, 뜻을 이루지 못하고 대마도에서 옥사하였다. 저서로 『면암집』이 있다.

幾曾馳夢想 今始放襟懷
恨乏如椽筆 大書萬仞崖[3)]

김인섭은 수승대가 안의삼동 가운데 가장 빼어나 오래도록 그 명성을 잃지 않고 있는데, 그 이유는 수석의 아름다움 때문이라 하였다. 뒤에서 언급하겠지만, 수승대의 거북바위는 그 형상이 묘하며, 그 앞의 깊은 못은 수승대의 경관을 더욱 돋보이게 한다. 그리고 위쪽에 있는 하얀 너럭바위와 그 사이로 흐르는 물줄기는 맑은 못과 우뚝한 거북바위를 더욱 빛나게 한다. 이처럼 수승대는 산수가 아름답게 어우러져 가장 빼어난 경관을 연출하고 있다.

구한말 기호 지방의 학자 최익현崔益鉉도 수승대를 찾아와 아래와 같은 시를 지었다.

영남엔 아름다운 산수가 많기도 한데,
수승대 그중에서도 가장 아름다운 곳.
바위는 솟구쳤어도 못은 예전 그대로,
자욱한 운무에 길만 어렴풋이 보일 뿐.
일찍이 그 누가 이 삼동의 주인이었나,
지금은 내가 이곳에 와서 회포를 씻네.
이 수승대서 시를 읊고 돌아가려 하니,
그윽한 향기 절벽에서 방울방울 떨어지네.

嶠南饒水石 搜勝擅名佳

石出潭因舊 霞濃逕不埋
曾誰三洞主 今我上淸懷
吟就翻歸去 幽香滴斷崖[4)]

최익현은 수승대가 안의삼동 중 가장 아름다울 뿐만 아니라, 영남에서 가장 빼어난 곳이라 평하고 있다. 그는 벽면에 새겨진 명현들의 시문에서 그윽한 향기가 낙숫물 떨어지듯 묻어난다고 하였다. 그 역시 아름다운 경관에 선현의 유적이 더해져 수승대가 명승이 되었다고 본 것이다.

안덕문과 김인섭은 경상우도 지역에서 명망이 높은 학자였는데, 모두 안의삼동 가운데 수승대를 제일로 꼽고 있다. 또한 최익현은 한 걸음 더 나아가 수승대가 영남에서 제일 아름다운 명승이라 하였다. 이들의 논평을 통해 보면 수승대가 영남에서 가장 빼어난 명승으로 인식되고 있었음을 알 수 있다.

유리세계와 같다

구한말 송병선宋秉璿은 안의삼동에 대해 총평하면서 가장 빼어난 명승으로 원학동의 수승대·사선대를 꼽았다. 그는 그 이유로 사선대는 그윽한 절경이 일품이며, 수승대는 기이하고 화려하다는 점을 들었다.[5)]

한편 『거창군지』에는 수승대의 경관에 대해 "하얀 반석이 평평하게 펼쳐져 있어 그 주위가 수십 이랑이나 되며, 기다란 시내가 계곡에서 흘러

수승대 하얀반석과 물줄기. ©유근종

내리다 움푹하고 굽이진 곳에 이르러 못이 되었으며, 대臺가 위에 있는데 우뚝하게 백 척이나 솟아 있으며, 대 아래는 굴이 있는데 수십 명이 앉을 수 있다."[6]라고 하여, 하얀 너럭바위, 기다란 물줄기, 깊은 못, 우뚝한 거북바위, 거북바위 밑의 움푹한 굴 등 수승대의 빼어난 경관을 상세히 묘사해 놓았다.

이러한 수승대의 아름다운 경관을 남공철南公轍, 1760-1840은 다음과 같이 논평하였다.

> 수승대 위에는 사람들이 앉아 연회를 베풀 수 있으며, 대 아래는 텅 비고 넓어 사람들이 처마 밑 같은 곳으로 다닌다. 종유석이 아래로 드리웠는데 푸르고 밝은 빛에 매끄러우며 간혹 감청색을 띤 것도 있다. 물이 모여 네모난 못이 되었는데 주위에 수목이 우거져 붉고 푸른빛이 물결에 일렁이니 마치 유리세계와 같다.[7]

남공철은 하얀 너럭바위 아래 깊고 맑은 물이 고인 못이 있는데, 주위의 울긋불긋한 나뭇잎이 물에 비치어 물결에 일렁이는 것이 마치 반짝이는 유리와 같다고 하였다. 남공철은 이러한 점을 수승대의 빼어난 특징으로 거론하였는데, '유리세계와 같다'는 표현이 가장 돋보인다.

남공철뿐만 아니라, 앞 시대의 김창흡金昌翕도 "산모퉁이의 너럭바위 그중에서도 제일이니, 유리 같은 너럭바위 위로 옥구슬이 튀어 오르네.[最是廻巖大排布 琉璃盤上玉瓏玲]"라고 하여 수승대 경관을 유리세계로 표현하였는데, 그는 남공철과는 달리 하얀 너럭바위를 유리세계로 보고 있다.

깊은 못에 햇빛이 비치어 반짝거리는 경관이 유리세계처럼 보일 수 있고, 하얀 너럭바위가 유리처럼 보일 수도 있다. 그러니 이곳은 그야말로 유리처럼 밝고 투명한 세계라 할 수 있다. 김창흡과 남공철이 유리세계와 같다고 한 말은 수승대의 경관 이미지를 가장 잘 드러낸 것이라 하겠다.

한편 정인홍鄭仁弘의 문인 박인朴絪, 1583-1640은 수승대를 아래와 같이 묘사했다.

수승대가 명승이라 들은 지 오래인데,
이제야 찾아오니 아름다운 줄 알겠네.
숲 속 연못 가을인데 벌써 쇠잔해졌고,
풀섶 길 낙엽 쌓여 올해 처음 덮였네.
하얀 바위는 사람들이 걷기에 편하고,
맑은 시내는 나그네 회포 풀기에 제격.
바위에 새긴 글자 찾아보려 하는데,
차가운 햇살이 푸른 절벽을 비추네.

搜勝聞名久　今來轉覺佳
林塘秋已老　蘿逕葉初埋
白石便人步　淸流瀉客懷
欲尋碑上字　寒日照蒼崖[8)]

박인은 수승대의 특징으로 하얀 너럭바위와 맑은 시내가 잘 어우러진

수승대의 겨울. ©거창박물관

경관을 거론하고 있다. 시인은 하얀 너럭바위가 평평하여 사람들이 걸어 다니기에 편하다는 점, 맑은 시내의 깨끗함이 나그네의 회포를 풀기에 제격인 점을 특징으로 들었다. 평평하고 하얀 너럭바위와 깨끗하고 맑은 시내는 유리세계의 이미지이면서 또 신선세계의 이미지를 겸하여 세속에 때 묻지 않은 탈속적인 경계를 보여 준다.

게다가 눈이라도 와서 백설이 덮인 수승대의 전경은 더할 나위 없는 순백의 세계이다. 이를 옛날 선인들이 보았다면 어떻게 형용하였을까? 속세의 티끌이 하나도 묻지 않은 청정세계라고 하지 않았을까? 이런 경관은 우리 마음속의 티끌을 씻어 내기에 더 없이 좋은 곳이다.

높은 대, 맑은 물, 아름다운 산

수승대가 가장 빼어난 명승이 된 것은 수석이 어우러져 아름다운 경관을 연출하고 있기 때문이다. 이러한 경관을 작자의 독특한 심미안으로 구제적 특성을 거론한 논평들이 있는데, 이러한 묘사도 눈여겨볼 만하다. 기호 지방에 살던 임방任埅, 1640-1724은 거북바위의 높은 대를 수승대의 특징으로 포착해 아래와 같이 노래했다.

온 골짜기 모두 다 기이하고 빼어난데,
높은 대가 그중에서도 가장 아름답구나.
맑은 물엔 꽃 그림자 거꾸로 드리우고,

수승대 전경. ©유근종

우뚝한 바위는 나무 그늘에 덮여 있네.
적막하기만 한 선생의 고택,
슬프고 처량한 소자의 마음.
이 대에 올라 차마 떠나질 못하는데,
봄날 해는 서쪽 언덕을 따라 지는구나.

一壑俱奇勝　高臺最絶佳
澄波花影倒　危石樹陰埋
寂寞先生宅　悲涼小子懷
登臨不忍去　春日下西崖[9]

임방은 문과에 급제하여 공조 판서 등을 지낸 인물로, 당시唐詩에 뛰어나다는 평을 받았다. 그는 수승대의 특징으로 높은 대가 아름답다는 점을 들었다. 수승대는 시내에 우뚝 솟아 있는데, 그 위에 올라 보면 푸른 못과 하얀 너럭바위가 눈앞에 펼쳐져 대가 더욱 우뚝하다는 점을 실감하게 된다. 수승대는 사방 어느 곳에서 보아도 묘하기 그지없지만, 맑은 날 널찍한 대 위에 올라 보면, 그야말로 조물주가 솜씨를 다해 만든 걸작임을 새삼 느낄 수 있다.

경북 칠곡에 살던 장복추張福樞, 1815-1900는 "동천 안은 물이 맑고 산도 아름답구나.[水明山亦佳]"[10]라고 하여, 수승대의 특징으로 산수가 맑고 아름다운 점을 거론하였다. 이는 맑은 물과 아름다운 산을 특징으로 포착한 것이다. 이런 이미지를 16세기에 유홍兪泓, 1524-1594은 다음과 같이 노래했다.

우뚝 솟은 강 가운데의 커다란 바위,
이곳에 오르니 흥이 절로 아름답네.
못의 물엔 빗방울이 떨어져 번지고,
산의 모습 반쯤은 연무에 잠겨 있네.
빼어난 경치 새로 그린 그림처럼 산뜻한데,
옛사람은 가고 없어 옛 생각에 슬퍼지네.
이끼를 긁어내며 고인의 묵적을 찾는데,
구름장 사이 햇살이 붉은 언덕에 비추네.

斗起江心石 登臨興自佳
波紋添雨纈 山色半烟埋
景勝宜新扁 人亡悵舊懷
剗苔尋醉墨 漏照射丹崖[11)]

유홍은 1553년에 문과에 급제하여 경상도 관찰사 등을 지냈다. 제3~4구는 시인의 섬세한 관찰력이 돋보이는 대목인데, 시인의 눈에 비친 수승대 경관이 눈앞에 삼삼하게 그려지도록 묘사하고 있다. 이 시에서 눈에 띄는 구절은 수승대의 빼어난 경치가 새로 그린 그림처럼 산뜻하다는 제5구의 표현이다. 맑은 물과 아름다운 산이 어우러진 경관을 새로 그린 그림처럼 산뜻하다고 한 것은 수승대의 경관 이미지를 한 장의 그림처럼 잘 드러낸 표현이다.

또 수승대 근처에 살던 성팽년成彭年, 1540-1594은 다음과 같이 노래했다.

봄이 오면 꽃이 일시에 피어나니,
용문의 봄은 참으로 아름답구나.
시냇물 불어 바위가 반쯤 잠기고,
산은 컴컴하게 먹구름이 덮고 있네.
바위에는 시와 성명 빼곡히 새겨 있고,
술잔은 나그네의 소회를 넉넉하게 하네.
구름이 날마다 덮이는 것 걱정하지 말게,
남은 햇빛 층층의 벼랑에 비추고 있으니.

華仗春俱至 龍門節正佳
溪肥磯半沒 山黑雨全埋
石帶詩仙字 盃寬野客懷
莫愁雲日暝 餘照在層崖[12)]

봄이 와 꽃이 일시에 피었을 때의 수승대 모습, 그것은 분명 새로 그린 산뜻한 한 장의 그림이다. 그런 데다 시인은 냇물이 불어 너럭바위가 반쯤 잠긴 모습, 먹구름이 산을 덮은 모습까지 섬세하게 그려 내고 있다. 그리하여 이 시는 새로 그린 수승대 그림처럼 주변의 경물景物이 살아 움직이는 듯한 생동감을 자아내고 있다. 화가가 그리지 못하는 것을 시인이 그려 낸 것이다.

이건창의 조부 이시원李是遠, 1790-1866은 맑은 날의 산수가 어우러진 경관보다 운무가 살짝 드리운 수승대의 경관을 더욱 신비롭게 느끼고 있다.

요수정 앞에 있는 수승대의 풍경,
맑을 때도 좋고 비 와도 아름답겠지.
못의 운무 애초 활짝 걷히지 않지만,
골짜기의 운무 자욱하게 덮지도 않네.
수승대 허리에는 튀는 물방울이 부딪히고,
수승대 심중엔 다녀간 이들에 대한 생각.
다리를 건너 지팡이 짚고 서서,
눈을 씻고 절벽의 글씨를 읽네.

樂水亭前景 宜晴雨亦佳
潭雲初淡抹 谷霧未全埋
巖腹飛湍瀉 臺心往蹟懷
度橋因拄策 揩眼讀磨厓[13)]

시인은 수승대 앞의 시내는 날이 맑아도 좋고 비가 내려도 아름답다고 하였는데, 특히 경관의 아름다움으로 운무에 살짝 드리운 산골짜기의 풍경을 포착한 것이 이채롭다. 이 시는 제3~4구와 제5~6구의 대구가 묘하게 맞추어져 있다. 그중에서도 제6구의 '대심왕적회臺心往蹟懷'라는 표현은 무생물인 수승대가 인간처럼 감정을 가진 생명체로 승화되어 절묘한 느낌을 자아내고 있다.

이처럼 역대 시인들은 수승대 경관의 구체적 특징으로 높은 대, 맑은 시내, 아름다운 산, 그리고 운무가 드리운 골짜기를 포괄적으로 언급하였다.

맑고 수려한 경관과 그윽하고 미묘한 풍치

수승대의 경관에 대해 산수의 빼어남을 드러내는 데서 한 걸음 더 나아가 경관의 이미지를 인간의 심미적 관점에서 평한 것도 있다. 이건창李建昌은 수승대 경관 이미지를 다음과 같이 묘사해 놓았다.

수승대 거북바위. ©유근종

수승대 거북바위 위에는 많은 사람들이 앉을 수 있다(거북바위 윗부분). ©유근종

산언덕과 바위계곡이 송림 속에서 빛을 감추고 숨어 있다. 멀리서 보면 불쑥 튀어나온 듯한 한 물체가 시냇가에 솟구친 것이 보이는데, 바로 수승대다. 이 대는 시내 한 가운데 있는 큰 바위로, 높이가 수십 장이나 되며, 위에는 1백여 인이 둘러앉을 수 있다. 이곳에 올라 주변을 바라보면, 원근의 산봉우리들이 묘하게 둘러서서 예쁜 자태를 뽐내지 않는 것이 없는데, 이 대의 전후좌우에서 공손히 경의를 표하며 이 대를 우러러 보고 있다. 상류 쪽에서 흘러내리는 물은 옥처럼 영롱하기도 하고 명주처럼 찬란하기도 한데, 네모나고 둥글고 굽고 곧은 것이 날기도 하고 엎드리기도 하고 움직이기도 하고 가만히 있기도 하여, 그 묘한 모양이 극진하지 않음이 없다. 맑고 수려함이 온축되어 있고, 그윽하고 미묘함이 끝없이 이어져 그 무엇으로써도 다 형용할 수 없을 듯하다. 대 위에는 1백여 그루의 소나무가 있는데, 푸른 허공에서 자생한 것이다. 사방의 모서리에는 담처럼 돌을 쌓아 놓았다.[14)]

이건창은 수승대의 경관 이미지를 '맑고 수려함이 온축되고, 그윽하고 미묘함이 끝없이 이어진 곳'으로 표현했다. 이는 남공철이 유리세계와 같다고 단적으로 품평한 것과는 달리, 심미적 관점으로 그 형상을 섬세하게 그려 낸 말이다. '밝고 수려한 경관'과 '그윽하고 미묘한 풍치'는 수승대의 경관 이미지를 산수의 자연경관에만 국한시키지 않고, 인간의 심미적 측면에 나아가 문학적으로 잘 형상한 것이다.

명소가 명인을 만나 명승이 된 곳

수승대가 원학동의 대표적 명승이 된 데에는 두 가지 이유가 있다. 하나는 지리적으로 원학동의 중심에 있기 때문이다. 금원산에서 발원하는 산상천과 월성계곡에서 흘러내리는 위천이 합류하는 위천면 소재지에 수승대가 있기 때문에 가섭암을 유람하거나 월성계곡을 유람하는 사람들이 거쳐 지나가는 길목에 있다.

또 하나는 수승대가 임훈·이황 등 명현을 만나 선현의 유적이 깃든 곳이라는 상징적 의미가 더해졌기 때문이다. 당나라 때 유종원柳宗元은 "아름다움은 스스로 아름다워지지 않고, 사람을 통해서 그 아름다움이 드러난다. 난정蘭亭이 왕희지王羲之를 만나지 않았다면 맑은 여울과 긴 대나무가 빈산에 묻혀 버렸을 것이다."[15]라고 하였다. 즉 명소가 명현을 만나야 명승으로 거듭 날 수 있다는 말이다. 이를 단적으로 보여 주는 것이 수승대 바위에 새겨진 수많은 사람들의 이름과 시문을 새긴 각자들이다.

수승대가 원학동의 중심이며 가장 빼어난 곳이라는 인식은 예전 기록에서도 쉽게 찾을 수 있다. 아래 인용문은 진주에 살던 하달홍河達弘 1809-1877이 지은 기문이다.

> 가섭암에서 북쪽으로 10리를 가 수승대에 이르렀다. 이곳은 갈천 임선생林先生이 소요하던 곳으로, 안의삼동 가운데 가장 빼어난 곳이다. 울퉁불퉁한 바위 하나가 시냇가에 우뚝 솟아 있는데, 수백 명은 앉을 수 있다. 바위 위에 몇 그루의 작달막한 소나무가 있는데, 무성한 잎으로 햇빛

을 가리고 있다. 시내 양쪽 언덕은 긴 숲이 10리나 뻗어 있는데, 짙은 녹음이 드리워져 있다. 수승대 사면의 벽에는 예전 사람들의 성명과 시구가 빼곡히 쓰여 있다. 시내 바위에는 술 몇 말을 담을 만큼 움푹 파인 곳이 있다. 수승대 아래 반석은 흰 바위인데 양쪽 언덕까지 이어져 있다. 월성月城·갈천葛川에서 흘러내리는 물이 이곳에 이르러 비로소 크게 평평해져서 서서히 흐른다. 저절로 만들어진 비단 문양의 물결이 격렬하게 부딪히며 빨리 흘러내려 마치 거문고와 비파를 타는 듯한 소리를 낸다. 빙빙 돌며 깊은 연못이 된 곳은 맑고 평평하여 몇 이랑이나 된다. 왼쪽은 요수정이고, 오른쪽은 구천서원인데, 성석곡成石谷[16]과 신요수愼樂水[17] 등 여러 선현들을 모시고 있다. 이곳의 맑고 아름답고 기이한 절경은 다 그려 낼 수가 없다. 신라 시대에 사명을 받들고 중국으로 사신을 갈 적에 이 수승대 밑을 지나갔는데, 여러 고을의 수령들이 이곳에 와서 사신의 행차를 전별했다고 한다. 그래서 이 대가 수송대라는 이름을 얻게 되었다. 뒤에 퇴계 선생이 수승대라 이름을 바꾸었다. 나는 '현인이 지나가는 곳은 산천초목이 모두 아름다운 문채를 지니게 된다.'고 들었는데, 이 빼어난 대에 갈천이 살고 퇴계가 이름을 붙였으니, 이곳이 더욱 빼어나게 되고 그 이름이 더욱 드러나게 되는 것은 당연한 일이다.[18]

하달홍은 수승대가 명승이 된 것은 임훈 같은 군자가 살고, 이황 같은 학자가 이름을 새로 붙였기 때문이라 하고 있다. 곧 명소가 명현을 만나 명승으로 거듭난다는 말이다. 삼가에 살던 정재규鄭載圭, 1843-1911의 시에서도 그런 정서가 보인다.

빼어난 경관이 있으니 누가 여길 찾았는가,

이 대에 오르니 그 이름 이미 아름답구나.
이런 선현의 아름다운 향기가 남아 있으니,
어찌 이끼가 뒤덮어 버리게 할 수 있으랴.
바위에 서서 시를 길게 읊조려 보고,
바람을 맞으며 청아한 소회를 펴 보네.
유유히 떠가는 구름과 새의 그림자,
천년토록 그대로인 푸른 바위 절벽.

有勝人誰搜　登臺名已佳
以玆芬馥在　忍使蘇苔埋
跂石放長嘯　臨風敍雅懷
依依雲鳥影　千古但蒼崖[19)]

정재규는 선현이 수승대라고 개명한 이름이 아름다운 데다 선현의 향기가 남아 있어 청아한 소회를 편다고 하였다. 이 역시 수승대가 명현을 만나 명승으로 거듭난 점을 노래한 것이다.

수송대愁送臺와 수승대搜勝臺

수송대愁送臺라는 이름의 뜻

수송대愁送臺라는 명칭에 대해서는 세 가지 설이 전한다.

첫째, 신라·백제 시대 이곳에서 사신을 전송했는데, 사신을 떠나보내는 근심을 이기지 못하여 수송대라는 이름이 붙여졌다는 설이다.[20] 이 설은 이건창李建昌의 「수승대기」에 보인다.

둘째, 수송愁送은 송수送愁처럼 '근심을 날려 보내는 곳'이라는 뜻인데, 이 수송대의 빼어난 경관이 사람들로 하여금 근심을 잊게 하기 때문에 그런 이름이 붙었다는 설이다.[21] 이 설도 이건창의 「수승대기」에 보인다.

셋째, 신라 시대 중국으로 가는 사신은 이 수송대 밑을 지나갔는데, 여러 고을의 수령들이 이곳까지 나와 사신을 전별했기 때문에 수송대라는 이름을 얻게 되었다는 설이다.[22] 이 설은 진주 출신 하달홍의 「수승대기」에 보인다.

「수송대愁送臺」와 「수승대搜勝臺」 각자. ©유근종

이 세 가지 설 가운데, 첫째는 삼국 시대 백제와 신라의 접경 지역일 때 생겨난 고사이고, 셋째는 통일 신라 시대에 붙여진 이름인 듯하며, 둘째는 후대 호사가들이 경관의 이름다움에 나아가 전래되는 수송대라는 뜻을 그럴듯하게 해석함으로써 붙여진 명칭인 듯하다. 즉 첫 번째와 세 번째 설은 역사적 전설이 있는 명칭으로 삼국 시대부터 전래된 설이고, 두 번째 설은 후대에 그런 역사적 사실이 잊히면서 경관의 아름다움에 나아가 붙인 것으로 여겨진다.

임훈·신권이 수승대에서 이황을 기다리다

이황李滉은 1543년 1월에 영승 마을에 들러 장인 권질權礩, 1483-1545의 회갑연에 참석했다가 수승대로 가서 임훈林薰·신권愼權을 만날 예정이었다. 그런데 갑자기 조정으로 돌아가야 했기에 수승대로 발걸음을 옮기지 못하였다. 이황은 이들과의 약속을 지키지 못하고 서둘러 상경하면서 수송대를 수승대라 개명하고 시를 한 수 지어 보냈다. 그 시에는 아래와 같은 서문이 있다.

> 안음현의 옛날 관아 터 시냇가에 바위가 있는데, 세속에서 수송대라 한다. 천석이 매우 빼어나다고 한다. 내가 이번 길에 가 볼 여유가 없음을 한스럽게 여기며, 또한 그 이름이 아름답지 못함을 싫어하여 이름을 '수승대'로 바꾸고자 했는데, 여러 사람들이 모두 찬성하였다.[23)]

이 서문에 의하면, 이황은 자신이 수승대로 이름을 고치자 여러 사람들이 모두 찬성했다고 하였다. 그러나 이는 영승 마을 사람들이 찬성한 것이지, 원학동 사람들 전체 의견은 아니었던 듯하다. 그것은 임훈이 「수송愁送의 뜻을 풀이하여 제군들에게 보임」이라는 제목으로 쓴 시를 통해 알 수 있다. 임훈이 지은 시의 주에 "당시 퇴계 선생이 이 대의 이름을 수승대로 바꾸었기 때문에 이 시를 지어 그 뜻을 풀이한 것이다."[24)]라고 한 것을 보면, 임훈은 수승대라고 고친 이름에 대해 수용하지 않고 수송대의 의미를 풀이하여 주위 사람들에게 환기시킨 것을 알 수 있다.

당시 수승대 근처에는 임훈과 신권이 살고 있었다. 임훈의 큰누이가 신권에게 시집을 갔으니[25], 이들은 처남·매부 사이였다. 그리고 나이도 한 살 차이여서 서로 벗하며 지냈다. 수승대는 본래 임훈이 노닐며 소요하던 곳이었다. 그런데 임훈은 수승대 위쪽 갈천동에 살았고, 신권은 인근 마을에 거처하면서 수승대 건너편에 요수정樂水亭을 지어 놓고 소요하여 자연스럽게 신씨愼氏의 소유가 되었다.[26] 임훈은 이황을 현인으로 존경하였지만 1570년까지 한 번도 만나보지 못했다.[27] 그러나 신권은 이황이 '요수樂水'라는 호를 지어준 것을 보면 전부터 이황과 교유가 있었던 것을 알 수 있다.[28]

수승대 석각石刻에는 신권의 다음과 같은 시가 있다.

암구대 옆의 길을 말끔히 소제하고서,
아름다운 손님이 오시길 기다렸는데,
보낸 시만 오고 기다리던 이는 오지 않아,
무덤덤한 마음으로 혼자 암구대에 올랐네.

爲掃臺邊路 庶望華駕臨
詩來人不至 無意獨登臨

이 시를 보면, 이황이 영승 마을에서 신권에게 기별한 것을 알 수 있다. 이황이 수승대라 이름을 바꾸고 지은 시의 제목이 「기제수승대寄題搜勝臺」이고, 신권의 시에 '시만 오고 기다리던 이는 오지 않아'라고 한 것을 보면, 이황이 수승대에서 신권을 만나기로 했는데 조정에 올라가야 했기 때문에 시만 보내고 가지 못한 것을 알 수 있다.

또 수승대에는 아래와 같은 신권의 시가 새겨져 있다. 이 시는 이황이 그에게 보낸 시에 차운해 지은 것이다.

숲과 계곡 모두 봄빛이 감도는데,
수승대란 아름다운 이름을 보냈네.
좋은 날 술 단지 앞에 벌여 놓았으니,
우울한 마음일랑 붓끝에 묻어 버리세.
진중한 가르침에 깊이 감사하면서도,
울컥 그리운 회포가 매우 간절하구나.
먼 길 떠나는 나그네 따라가지 못하고,
나 홀로 노송 드리운 벼랑에 기대섰네.

林壑皆增采 臺名肇錫佳
勝日樽前置 愁雲筆底埋
深荷珍重教 殊絶悵望懷
行塵遙莫追 獨倚老松崖

이 시 뒤에 '가정계묘정월제생각嘉靖癸卯正月諸生刻'이란 각자가 있다. '가정계묘'는 1543년이다. 이 시를 보면, 이황이 수승대로 이름을 바꾼 것에 대해 감사하면서도 그를 만나 회포를 풀지 못한 서운함을 드러내고 있다. 당시 임훈과 신권은 이황을 맞이하기 위해 수승대에 조촐한 술자리를 마련해 놓고서 기다리고 있었다. 그런데 이황은 오지 않고 수송대를 수승대로 바꾼 시만 당도하였으니, 이들의 섭섭함이 얼마나 컸겠는가.

지금 수승대에는 신권의 글씨라고 되어 있는 '수승대搜勝臺'라는 각자가 큰 글씨로 새겨져 있다.

수승대搜勝臺로 이름을 고친 이황李滉

이황은 1542년에 장인의 부탁으로 영승 마을에 살고 있던 전식全軾의 정자에 사락정四樂亭이라는 이름을 지어 주고 시도 지어 보냈다. 그리고 1543년 정월에 처음으로 영승 마을을 방문하였다.

이황은 영승 마을에 이르러 마을의 이름을 바꾸었다. 영승 마을은 본래 영송촌迎送村으로 불렸는데, 이황은 '송送' 자가 아름답지 못하다고 여겨 '영승촌迎勝村'으로 개명하였다. 영송촌이라는 옛 지명은 '오는 이를 맞이하고 떠나는 이를 전송하는 마을'이라는 뜻으로 붙여진 듯하니, 수송대愁送臺라는 이름과 무관해 보이지 않는다.

이황은 영승 마을에서 장인의 회갑연을 마친 뒤, 원학동에 사는 임훈·신권 등을 만나러 수승대로 향할 예정이었는데, 한양으로 급히 올라가야 했기 때문에 이들을 만나지 못하였다. 그때 수송대라는 이름이 전아하지 못하다고 여겨 음이 비슷한 수승대로 고치고, 아울러 시도 지어 보냈다. 그때가 1543년 1월 4일이었다. 이황이 수승대라 이름을 바꾸고 지은 시는 아래와 같다.

수승대 바위 각자들. ©김종길

수승대라는 이름으로 새롭게 바꾸니,
봄을 맞아 그 경치가 더욱 아름답네.
먼 숲에선 꽃들이 피어나려 꿈틀대는데,
그늘진 골짜기엔 눈이 그대로 남아 있네.
명승을 보고 싶어도 가 보질 못하니,
오직 상상의 회포만 더할 뿐이라네.
훗날 한 통의 술을 가지고 다시 와서,
큰 붓으로 운무 낀 암벽에 글을 쓰리.

搜勝名新換 逢春景益佳

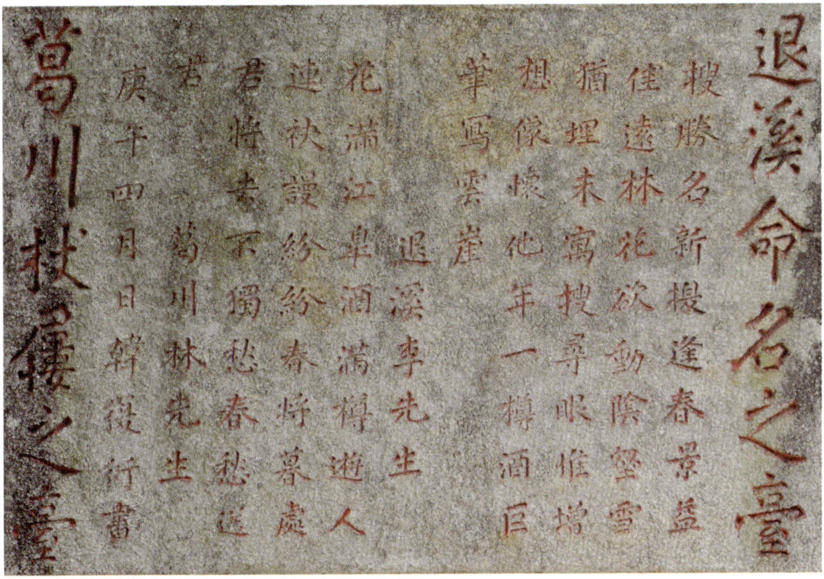

이황과 임훈의 시 각자. ©유근종

遠林花欲動 陰壑雪猶埋

未寓搜尋眼 唯增想像懷

他年一尊酒 巨筆寫雲崖[29)]

이황은 영승촌迎送村이나 수송대愁送臺라는 옛 이름의 '송送' 자를 모두 전아하지 못하다고 생각해 바꾸었다. 그런데 이는 수백 년 동안 전래된 고사가 있는 지명을 임의로 바꾼 것이어서 이 지역 사람들 중에는 선뜻 수용하지 못하는 이들도 있었다.

수송대愁送臺라는 명칭을 고수한 임훈林薰

신권은 이황이 보내온 수승대라는 이름에 대해 매우 기뻐하였다. 그런데 임훈은 생각이 달랐다. 그는 당시 「수송愁送의 뜻을 풀이하여 제군에게 보임」이라는 제목의 시를 지었는데, 제목 밑에 붙인 주에 "당시 퇴계 선생이 대의 이름을 수승대로 바꾸었기 때문에 이 시를 지어 그 뜻을 풀이한 것이다."[30]라고 하였다. 임훈의 이 시는 제목부터 심상치 않다. '수송이라는 의미를 풀이하여 제군에게 보여 준다'는 것은 수송대라는 이름을 잘 모르고 있기 때문에 알려 준다는 의미가 있다. 즉 이황이 수송대라는 명칭의 의미를 잘 모르고 개명했기 때문에 그 뜻을 풀이해 알려 주겠다는 것이다. 임훈은 수승대라 개명한 것을 수용하지 않았다. 당시 임훈이 지은 시는 아래와 같다.

꽃은 강 언덕에 가득하고 술은 술통에 가득한데,
유람하는 사람들이 소매 맞대고 분주히 오가네.
봄이 장차 저물려 할 때 그대도 장차 떠나려 하면,
봄 보내기 시름일 뿐 아니라 그대 보내기도 시름일 텐데.

花滿江皐酒滿樽　遊人連袂謾紛紛
春將暮處君將去　不獨愁春愁送君[31]

이 시도 이황의 시를 받고서 지은 것인데, 이황의 시에 차운하지 않고 독자적으로 지은 것이다. 이 시 제3구의 '그대[君]'는 이황을 가리킨다. 임훈은 기다리던 사람이 오지 않으니 몹시 서운했을 것이다. 술자리를 마련해 놓고 기다렸는데 오지 못한다는 기별을 받았으니 그 기분이 어떠했겠는가. 당시는 음력 정월 초였으니, 이황이 찾아와 함께 노닐다가 늦은 봄에 떠난다면, 봄을 보내기도 시름일 뿐 아니라 그대를 보내기도 시름일 것이라고 안타까운 심경을 토로하고 있다.

이 시 제4구에는 '수송愁送'이라는 의미가 묘하게 깃들어 있다. '봄을 보내는 것이 시름일 뿐만 아니라 그대를 떠나보내는 것도 시름일 텐데.'라는 말은 수송의 의미를 거듭 강조한 것이다. 즉 이곳은 바로 이런 수송의 장소였다는 점을 상기시킨 것이니, 임훈은 '수송'이라는 뜻을 사랑하여 버리고 싶지 않았던 것이다.

'수승搜勝'은 '명승을 찾다'는 뜻이지만, '수송愁送'은 사신을 떠나보내는 애환이 깃든 역사적 용어일 뿐만 아니라, 인간 내면의 깊숙한 곳에 서린 함축된 정서를 보여 주는 말이기도 하다. 임훈은 '수심에 차서 임을 떠나보내던 곳'이라는 역사적 의미를 다시 자신의 감정에 이입시켜 '수심에 찬 마음으로 벗을 떠나보내게 되었을 텐데.'라는 뜻으로 노래하였다. 그러면서 이런 깊은 뜻이 담긴 이름을 함부로 바꿀 수 없다는 자신의 속내를 은근히 드러내고 보인 것이다.

또한 이 시는 이황이 직접 와서 보지도 않고 마음대로 이름을 바꾼 것에 대해, 자신의 감정을 극도로 자제하면서 점잖게 그 의미를 깨우쳐 주려는 의도도 담겨 있다. '근심을 보낸다[愁送]'는 말은 저무는 봄을 보낼 때의 정서일 수도 있고, 임을 떠나보낼 때의 정서일 수도 있다. 이런 아름다운 정서를 느낄 수 있도록 옛 이름을 그대로 두는 것이 더 의미가 있다는 점을 넌지시 말하고 있는 것이다. 자연경관이 빼어나다는 외적인 의미로 이름을 붙이는 것보다 인간의 다양한 감정을 느낄 수 있는 수송대라는 이름의 의미가 더 심장하다는 말을 작자는 하고 있는 것이다.

이황이 수승대라고 개명한 때가 1543년 1월이었으니 당시 이황은 43세였고, 임훈은 44세였다. 이황은 문과에 급제하여 조정에서 벼슬하던 시기였고, 임훈은 생원시에 합격하여 성균관에 유학한 뒤 낙향하여 지내던 시기였다. 이들 모두 당시에는 크게 중망이 있지 않아 뛰어난 학자로 알려질 정도였으며, 서로 도의道義로 교유하는 대등한 관계였다. 그런데 외지인 이황이 수송대에 와 보지도 않고 고을에 전래된 명칭을 함부로 개명하였으니, 임훈으로서는 선뜻 받아들이기 어려웠을 것이다.

이황은 산수를 유람하면서 유교적 이념에 맞게 이름을 붙이기를 좋아하였다. 그가 소백산을 유람하고 쓴 「유소백산록遊小白山錄」을 보면, 생각나는 대로 이름을 새로 붙인 것을 알 수 있다.[32] 반면 조식이 지리산을 유람하고 쓴 「유두류록遊頭流錄」[33]을 보면, 바위에 성명을 새겨 넣는 것을 부질없는 짓이라 비판하며 이름 붙이기를 좋아하지 않은 것을 알 수 있다.

임훈도 덕유산을 유람하고 쓴 「등덕유산향적봉기登德裕山香積峯記」가 있는데, 봉우리에 이름을 붙인 것이 없다. 그는 명인이 발자취를 남겨야 산이 이름을 얻게 된다는 종래의 설만을 추종하지 않고, 산수의 빼어난 경치를 보고 마음으로 그 이치를 터득함이 있기를 바랐다.[34] 그래서 그는 "산에는 후중厚重한 덕이 있고 물에는 주류周流하는 덕이 있으니, 실로 사람의 인지지락仁智之樂에 근본이 되는 점이 있다. 그러므로 도를 구하는 세상 사람들은 요순과 공자에게서만 도를 구할 뿐만 아니라, 산수에 나아가서 도를 구하지 않은 적이 없다."[35]라고 하여, 산수에 나아가 도를 체득하는 것을 유람의 목적으로 생각하였다.

여기에서 이황·조식·임훈의 서로 다른 산수 유람의 성향을 엿볼 수 있다. 즉 임훈과 조식은 심성수양의 연장선상에서 산수 유람을 생각하여 외적인 일에 관심을 기울이지 않은 반면, 이황은 자연경관에 새로운 명칭과 의미를 부여하는 데 매우 적극적인 관심을 보이고 있다. 요컨대 이황은 이름을 붙이고 고아한 이름으로 고치는 쪽에 관심을 두었다면, 임훈은 산수를 통해 내적 심성을 살피는 데 관심을 두었다고 하겠다. 이런 산수자연에 대한 서로 다른 시각이 수송대와 수승대를 두고 입장을 달리한 것이다.

오숙吳翻이 임훈의 시를 풀이하다

임훈이 지은 위의 시를 두고, 이황의 시에 답한 것이 아니라, 조식曺植의 시에 화답한 것으로 보는 설이 있다.[36] 그러나 이 설은 옳지 않다. 임훈이 조식과 화림동 등지를 유람하며 노닌 것은 1566년 3월의 일이다.[37] 그러니 이황이 수승대라고 개명한 시기인 1543년 정월과는 23년이나 차이가 난다. 또 임훈이 조식과 만났을 때 지은 시는 조식의 「유안음옥산동遊安陰玉山洞」이라는 시에 차운해 지은 「화림동월연암차남명운花林洞月淵岩次南冥韻」이라는 시이다.

이황과 임훈의 시는 후대 수승대에 나란히 새겨져 있다. 얼핏 보면 사이좋은 벗이 만나 수창한 것처럼 느껴진다. 그러나 앞에서 살펴본 것처럼 임훈은 수승대라는 명칭에 동의하지 않고 수송대라는 이름을 바꿀 수 없다는 입장을 밝혔다. 이를 입증할 수 있는 것이 오숙吳䎘이 지은 「유수송대기游愁送臺記」이다.

척수암에서 긴 둑을 지나 수십 보쯤 가면, 수송대愁送臺에 이른다. 이 수송대는 시내 한 가운데 우뚝 솟아 있는데, 그 높이는 몇 길쯤 되고 길이는 높이의 두 배나 되는 한 덩어리 큰 바위다. 바위틈에서 장송長松이 자생하여 사면에 빙 둘러 서 있어, 상쾌한 기운이 항상 서려 있다. 바위 옆면에는 "수승대란 이름으로 새롭게 바꾸니, 봄을 맞아 그 경치가 더욱 아름답네. 먼 숲에선 꽃들이 피어나려 꿈틀대는데, 그늘진 골짜기엔 눈이 그대로 남아 있네. 명승을 보고 싶어도 가 보질 못하니, 오직 상상의 회포만 더할 뿐이라네. 훗날 한 통의 술을 가지고 다시 와서, 큰 붓으로 운무 낀 암벽에 글을 쓰리."라는 시가 새겨져 있는데, 퇴계 선생이 임처사林處士:林薰에게 준 시이다. 이 시에 이른바 '이름이 새롭게 바뀌었다[名新換]'라고 한 것은, 퇴계가 '수승搜勝' 두 자로 이 대의 이름을 바꾸자고 한 것을 말한다. 그러자 임처사가 화답하여 "봄이 장차 저물려 할 때 그대도 장차 떠나려 하면, 봄 보내기 시름일 뿐 아니라 그대 보내기도 시름일 텐데."라고 하여, 예전 이름을 바꾸지 않았다고 한다.[38)]

오숙은 1631년 9월에 경상도 관찰사로 부임하였는데, 이 기문을 보면 그가 관내를 순시하다가 수송대에 들렀던 듯하다. 오숙은 이 글에서 이황이 수승대라 이름을 바꾼 것과 임훈이 시를 지어 은근히 수송대라는 옛 이름이 더 의미 있기 때문에 바꾸는 것이 바람직하지 않다는 뜻을 보인 것이라 말하고 있다. 오숙이 1631년에 이곳을 유람했다면, 임훈이 별세한 지 47년이 지난 때이니, 누군가가 임훈의 고사를 오숙에게 전해 주었을 것이다.

수승대를 두고 벌어진 임씨林氏와 신씨愼氏의 갈등

수승대의 주인은 누구일까

수승대 건너편 언덕에 요수정樂水亭이라는 정자가 있다. 요수樂水는 신권愼權의 호로 이황이 지어준 것이다. 신권은 인근 황산 마을에 살고 있었는데, 수승대 옆에 요수정을 지어 놓고 소요하였다.

수승대는 애초 임훈이 노닐던 곳이었는데, 임훈이 살던 갈천동과는 거리가 있어서 자연스럽게 신권의 차지가 되었다. 이후 수승대는 신씨의 전유물이 되었다. 후대 수승대를 두고 신씨와 임씨는 사이가 나빠졌다. 구한말 이건창李建昌은 이런 정황을 듣고서 다음과 같이 기록해 놓았다.

신권愼權, 1501–1573
자는 언중彦仲, 호는 요수樂水, 본관은 거창이다. 임득번林得蕃의 사위로, 임훈과는 처남·매부 사이이다. 이황 등과 교유하였다.

갈계 마을. ©거창박물관

황산 마을. ©거창군청

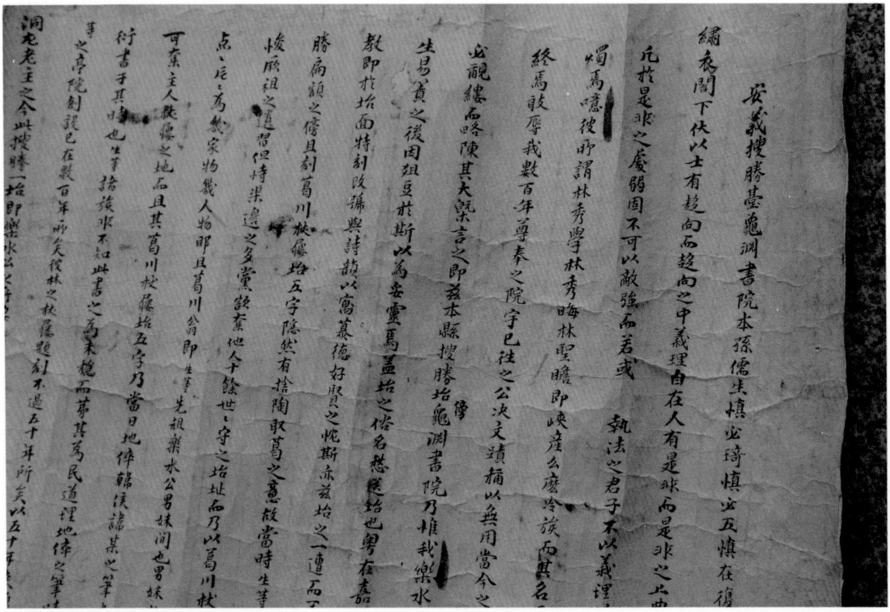

신씨 문중에서 암행어사에게 올린 소지. ©거창박물관

후에 신씨愼氏가 대대로 그곳에 살았는데, 과거에 급제해 벼슬하는 자가 많았다. 그래서 세력이 임씨林氏를 능가하게 되었다. 그러자 "이 대는 우리 집안의 물건이다."라고 하고서, 시를 지어 대의 뒷면에 새겼다. 그리고 자기 조상을 성대하게 추숭해 대의 주인으로 삼았다. 또 그 아래에 자손과 종족의 이름을 묘비나 묘갈의 가계처럼 세세하게 새겨 넣었다. 그래서 왕래하다 이곳을 찾는 수령이나 사신이나 나그네는 모두 신씨가 있는 줄만 알고 임씨가 있는 줄은 모른다. 그래서 임씨가 크게 노해 "이곳은 우리 갈천 선생이 노니시던 곳이다. 저 신씨들과 무슨 상관이 있단 말인가?"라고 하였다. 이에 임씨와 신씨가 서로 미워하여 현감·감사·조정에 소송을 제기하여 상호 승부를 겨루었는데, 지금까지 1백 년이 되도록 판결을 못 내리고 있다. 그동안 소송을 하다가 죽은 사람이 여러 사람이고, 패가망신하거나 재산을 탕진한 자도 대략 그 정도는 된다. 남쪽 지방 사람들은 대부분 임씨의 편을 든다. 그러나 내가 보기에, 이 대는 시냇물 가운데 있는 하나의 큰 바위일 뿐이니, 전택이나 동산처럼 누구의 소유로 할 수 있는 물건이 아니다. 그러니 어찌 소송이 있을 수 있겠는가? 나는 이곳의 아름다운 경관을 기뻐하지만, 두 집안의 비루함은 민망히 여긴다. 아울러 이 사실을 써서 기록해 둔다.[39]

이건창은 임훈과 신권의 후손들이 수승대를 둘러싸고 갈등을 빚으며 소송을 벌인 일까지 기록해 놓았다. 그리고 이 지역 사람들은 신씨보다 임씨의 편을 들고 있다는 사실도 덧붙여 놓았다. 기왕의 조사에 따르면 수승대 바위에 새겨진 이름 150여 명 가운데 거창 신씨가 36인으로 가장 많고, 은진 임씨가 그다음으로 25인이라 한다.[40]

신권의 5세손 신수이愼守彝가 노론계 학자 이재李縡에게 찾아가 수학하고, 송시열의 6세손 송치규宋穉圭가 「구연서원사적기龜淵書院事蹟記」를 지은 것으로 보면, 후대 신씨는 노론의 당색을 갖고 기호 학맥의 학자들과 교유한 것을 알 수 있다.

이보다 앞 시대의 소론계 심육沈錥, 1685-1753도 원학동을 유람하면서 쓴 시에 "그런데 신씨의 사당이 자손들의 훌륭함으로 인해 다시 선양되었다. 신씨가 어찌 동계桐溪·갈천葛川과 견주어 논할 만한 사람이겠는가?"라고 하였다.[41] 이런 언급들을 보면, 역사적 진실이 무엇인지 짐작해 볼 수 있다.

기호 지방의 학자 신좌모申佐模는 수승대라는 명칭을 두고 벌어진 임훈과 이황의 신경전, 그리고 후대 임씨와 신씨의 갈등에 대해 아래와 같은 시를 남겼다.

갈천葛川이 일찍이 노닐던 곳이었는데,
퇴계退溪가 다시 수승대라 이름 붙였지.
단풍나무와 소나무는 그대로 서 있고,
원숭이와 학은 예전의 맹서 증명하네.
나그네와 주인을 어찌 굳이 따지리,
신선과 진인은 본래 다투지 않는다네.
시비는 나와 아무런 상관이 없나니,
시냇가에 앉아서 한 번 시를 읊조리네.

葛老曾遊地 陶山又命名
楓松存舊植 猿鶴證前盟
客主何須問 仙眞本不爭
是非無與我 一嘯坐溪聲[42)]

시인은 수승대를 임훈이 소요하던 곳으로 보고 있으며, 이황이 새롭게 이름을 붙인 것으로 보고 있다. 이는 임훈·이황 등의 발자취가 남아 있는 명승으로 그 의미를 부여한 것이다. 그리고 변치 않고 예전 그대로인 빼어난 명승에서 누구의 소유인지를 논하는 것은 세속적인 시비에 불과하다는 점을 넌지시 말하고 있다. 제6구에 '신선과 진인은 본래 다투지 않는다.'라는 말 속에 수승대를 두고 소유권을 다투는 신씨와 임씨의 속된 이해다툼을 나무라는 뜻이 들어 있다.

앞서 이건창이 말한 것처럼, 명승은 전택田宅이나 동산처럼 개인의 소유가 될 수 없다. 경관이 빼어난 산수는 조물주가 만든 것으로 모든 사람이 공유하는 자연이지, 개인이 독차지할 수 있는 사유재산이 될 수 없다. 천지가 공적인 것처럼 명승은 하늘이 내린 만인의 것이다. 요즘 명승지에 가 보면, '이곳은 사유지이니 출입을 금한다.'는 현수막을 버젓이 걸어 놓은 것을 볼 수 있는데, 이는 후안무치한 욕심을 드러내 보인 것이다. 산수자연을 사유화하는 것은 천지를 사유화하려는 욕심과 다를 바 없으니, 자연의 이치에 어긋나는 일이다.

임씨와 신씨의 수승대 쟁탈전

동아일보 1928년 1월 19일자 기사에 "임석형林碩馨 씨가 수승대 일면에 '갈천장구지대葛川杖屨之臺'라고 새겨 넣음으로써 두 집안의 투쟁은 이로부터 시작되었다. 피차에 점유를 주장하여 지금부터 62년 전인 병인년 당시 안의현감 오달선吳達善 씨에게 제소하기에 이르렀다. 안의현감은 실정을 조사한 후 신씨 소유라는 것을 주장하였으나, 분쟁은 더욱 격렬해져서 인명의 살상도 양편에서 다수 발생하였으며, 전 재산을 기울여 요로에 운동하는 등 비극이 끊이질 않았다."라고 하였다.

「갈천장구지대」 각자. ©유근종

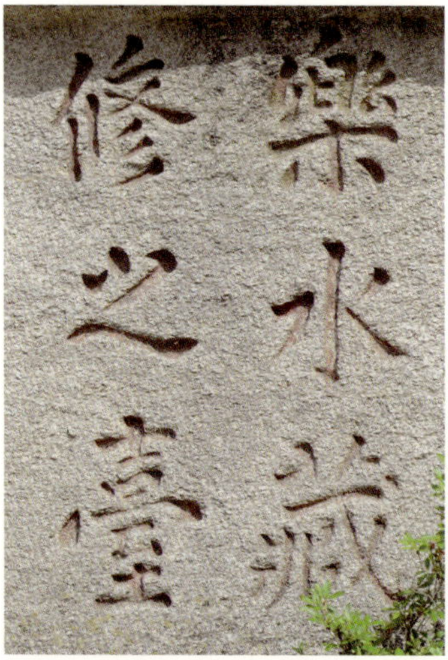

「요수장수지대」 각자. ©유근종

이 기사를 보면 임씨와 신씨의 수승대 쟁탈전은 임석형林碩馨, 1751-1816이 수승대에 '갈천장구지대'라는 각자를 새긴 뒤부터 시작되었음을 알 수 있다. 그리고 1866년병인년에 안의현감 오달선에게 제소함으로써 본격적으로 치열한 분쟁이 전개되었음을 알 수 있다. 신권의 후손들이 수승대를 자신들의 소유물로 삼으려 하자, 임석형이 수승대 벽면에 '임훈이 노닐던 대'라는 문구를 새겨 넣음으로써 분쟁이 본격화된 것이다. 이에 맞서 신씨들은 다른 벽면에 '요수장수지대樂水藏修之臺'라는 문구를 새겨 넣었다. 요수는 신권愼權의 호니, 신권이 은거하여 학문을 닦던 대라는 뜻으로, 신씨의 소유임을 드러낸 것이다.

이런 분쟁은 일제강점기 토지측량 때 수승대가 국유하천에 편입되자, 임씨와 신씨는 다시 소유권을 얻으려고 양여신청讓與申請을 함으로써 법정분쟁으로 비화되었다. 이러한 분쟁은 1928년부터 1929년까지 극렬하게 일어났다.

그러나 수승대는 개인의 소유로 넘어가지는 않고, 지금은 국가지정 명승 제53호로 지정되어 경상남도 거창군에서 관리하고 있다. 그 주변의 구연서원·요수정 등은 거창 신씨 문중에서 관리하고 있다.

이황의 시에 차운한 시의 세계

앞에서 살펴보았듯이, 이황은 1543년 1월에 수승대로 이름을 바꾸고 시를 한 수 지었다. 이후 이황의 명성이 높아지자, 수승대를 찾아온 후인들은 이황의 시에 차운하여 시를 짓는 경우가 많았다. 물론 이황의 시에 차운하지 않고 독자적으로 운자韻字를 내어 시를 지은 경우도 있고, 이황이 개명한 수승대搜勝臺라는 명칭을 쓰지 않고 전래되어 온 옛 이름 수송대愁送臺를 제목으로 삼아 시를 지은 경우도 있다.

이처럼 이황이 개명한 수승대라는 명칭을 사용하는가, 아니면 옛날의 명칭인 수송대를 사용하는가에 따라 다른 성향을 보인다. 또한 이황의 시에 차운하였는가, 차운하지 않았는가에 따라서도 시를 지은 작자의 의경意境이 다르게 나타난다. 따라서 이러한 점을 기준으로 삼아, 먼저 이황의 시에 차운하여 지은 시의 세계를 살펴보고, 그다음 이황의 시에 차운하지 않고 독자적으로 운자를 내어 지은 시의 세계를 살펴본 뒤,

수승대라는 명칭을 쓰지 않고 수송대라는 명칭으로 지은 시를 통해 작자의 의경이 어떻게 나타나는지를 살펴보도록 하겠다. 이렇게 세 층위로 나누어 보면, 시인의 의경을 짐작하기가 용이하다.

우선 이황의 시에 차운한 시의 세계를 몇 가지로 나누어 살펴본다.

새 이름이 옛 이름보다 배나 아름답네

이황이 수승대라고 고친 이름이 그전에 수송대라고 부르던 이름보다 훨씬 아름답다는 의경을 노래한 시가 있다. 1539년부터 1542년까지 안의현감을 지낸 조응경趙應卿, 1487-1549은 이황의 시에 차운하여 아래와 같은 시를 남겼다.

이곳 수송대는 수승대라고도 부르니,
새 이름 전 이름보다 배나 아름답네.
운무 기운은 물속 그림자 뒤로 피어오르고,
신선의 자취 속세 티끌을 묻어 버리려 하네.
영웅의 기상은 범인의 자질이 아니니,
신선의 기품으로 청아한 회포를 다했네.
상대霜臺가 지은 시 참으로 묘하기도 하지,
붉은 절벽에 새겨진 시를 서서 읽어 보네.

愁送稱搜勝 新名倍舊佳

조응경 시 각자. ©유근종

烟光添影發 仙跡肯塵埋

英氣非凡骨 清標儘雅懷

霜臺詩句妙 留與寫丹崖[43]

아마도 이 시가 이황의 시에 가장 먼저 차운한 시일 것이다. 이 시의 '상대霜臺'는 사헌부를 지칭하는 말로 이황을 가리킨다. 당시 이황이 사헌부 장령으로 있을 때 휴가를 얻어 내려왔기 때문에 그렇게 부른 것이다. 이 시를 지은 조응경은 함안 사람으로 조려趙旅의 증손이다. 조응경은 이황이 수승대로 고친 이름이 수송대보다 배나 더 아름답다고 노래했다. 그리고 이황의 시가 묘하다고 극찬을 하고 있다. 작자는 이황이 이름을 바꾸고 시를 지음으로써 수승대는 명승으로서의 의미를 한층 더하게 되었다고 하였다. 이러한 의경은 이황이 이름을 고친 것에 전적으로 동의하는 시각이다.

산수가 현인을 만나 아름답게 되었네

후인들이 수승대를 가장 빼어난 명승으로 평하는 이유 중에 하나가 이황의 유적이 있기 때문인 것으로 보는 시각이다. 단성에 살던 이우빈李佑贇, 1792-1855은 수승대를 아래와 같이 노래했다.

빛나고 빛나는 퇴계 선생의 문필,
산수가 그것을 얻어 더욱 아름답네.
백세토록 영원히 오히려 이와 같으리니,
삼세의 티끌도 끝내 이를 덮지는 못하리.
대에 올라 바라보는 아침저녁의 풍경,
슬픈 생각으로 고금의 회포를 풀어 보네.
세상 소식 전하는 자 이런저런 말을 해도,
우뚝하게 선 절벽만 물끄러미 바라보네.

煌煌夫子筆 山水得之佳
百世猶如許 三塵竟未埋

登臨朝暮景 惆悵古今懷
寄語聞風者 須看卓立厓[44)]

이우빈은 이지용李志容에게 수학한 경상우도 남명학파의 일원인데, 당색으로는 영남 남인계에 속하는 인물이다. 이우빈은 이황의 시가 수승대에 새겨져 있어 더욱 경관을 아름답게 했다고 평하면서, 영원히 그 정신이 전해질 것이라 노래하고 있다. 이 시는 수승대가 이황을 만나 더욱 아름답게 되었다는 점을 노래한 것으로, 명현의 유적이 있어 명승이 되었다는 인식을 반영한 것이다.

수승대가 명현을 만나 이름이 나게 되었다는 인식 가운데는 명현으로 이황만을 거론하지 않고, 이 고을에 살았던 임훈·정온 등 명현을 거론한 경우도 있어 주목된다. 다음 시는 기호 지방의 학자 신좌모申佐模가 읊은 것이다.

지형이 빼어나 수승대라 개명한 것이지만,
사람이 아름답기 때문에 특별히 알려진 것.
원숭이와 학이 길이길이 서로 지킬 터이니,
이끼 따위가 감히 이 바위를 덮지 못하리.
반석 위의 여울물 소리 동계桐溪의 절의인 듯,
솔바람 소리는 꿈에 본 갈천葛川의 마음인 듯.
그윽한 곳 찾는 이 나만 유독 아니구나,
오래도록 서서 벽면의 글자를 읽어 보네.

更名因地勝 特著以人佳
猿鶴長相守 莓苔不敢埋
石瀨疑桐富 松風夢葛懷
冥搜非我獨 久立讀磨崖[45)]

시인은 지형이 빼어나서 이황이 수승대라고 개명한 것이지만, 수승대가 명승이 된 것은 이곳에 아름다운 사람이 살았기 때문이라는 점을 강조하고 있다. 위의 시에 '사람이 아름답다.[人佳]'고 한 것이 누구를 지칭한 것인지는 불분명하지만, 뒤에 정온과 임훈을 거론하고 있는 것을 보면, 이들을 가리키는 듯하다. 특히 수승대 앞의 여울물 소리를 들으며 이 고을 출신 정온의 절의를 떠올리고, 솔바람 소리를 들으며 임훈의 마음을 생각하고 있는 제5~6구는 그런 정신을 단적으로 보여 준다. 이 시는 너럭바위 위로 흐르는 시냇물 소리를 정온의 절의로, 주변의 솔바람 소리를 임훈의 마음으로 비유하여 수승대의 문화적 상징성을 잘 드러내고 있다. 이 시는 수승대가 빼어난 점으로 이황보다는 임훈과 정온의 정신이 깃든 점에 더 주목한 것이다.

어찌 벽면에 이름을 새기리

수승대 거북바위 벽면에는 이황·임훈 등의 시가 새겨져 있을 뿐만 아니라, 수많은 사람들의 성명이 새겨져 있다. 명승지에 자신의 이름을 새겨 넣는 것은 당시 사대부들의 일반적인 취향이라 할 수 있는데, 이러한 풍속에 대해 못마땅하게 생각한 이들도 있었다. 성주에 살던 이진상李震相, 1818-1886은 다음과 같이 노래했다.

한 그루 소나무는 풍상에도 꿋꿋하고,
오래된 이끼는 비에 젖어 파릇파릇.
쏟아지는 시냇물은 집어삼킬 듯하지만,
버티고 있는 수승대 다 덮지는 못하네.
이십 년을 지나온 나의 발자취,
아득히 천년 세월을 우러러보네.
이 세속의 명예는 누가 될 뿐이니,
어찌 애써 푸른 벽에 이름을 새기리.

孤松霜不泐 老蘇雨添佳
奔流如欲嚙 傲骨未全埋
廿載經過迹 千秋緬仰懷
此世名爲累 何勞劚翠厓[46]

시인은 수승대에 빼곡히 새겨진 성명을 보면서 세속의 명예는 누累가 될 뿐이기에 자신은 이름을 새기지 않겠다고 하였다. 수승대에는 약 150여 명의 이름이 새겨져 있다. 그 이름을 보노라면 마치 납골당의 해골이 연상된다. 일찍이 조식曺植은 「유두류록遊頭流錄」에서 바위에 이름을 새기는 것은 날아가는 새의 그림자만도 못한 짓이라고 혹평하였다. 그러면

수승대 성명 각자들. ©유근종

서 그는 대장부의 이름은 민중의 입에 오르내리든지, 역사 속에 길이 남아야 의미가 있지, 어떤 인물인지도 모르는 이름을 바위에 새기는 것은 부질없는 일임을 꼬집었다. 이진상 역시 수승대에 새겨진 수많은 성명을 보면서 이런 생각을 한 것이 아닐까?

난성에 살던 김인섭金麟燮도 이런 점을 넌지시 말하고 있다.

만년에 이곳 수승대를 다시 찾으니,
예전과 같은데 물색은 더욱 아름답네.
물가에 버티고 있는 대 뉘 능히 움직이리,
우뚝하게 높은 바위 묻어버릴 수 없으리.
옥구슬 같은 물소리 악기를 연주하는 듯,
서늘하고 깨끗하여 마음을 상쾌하게 하네.

사람들은 이름을 오래오래 전하려 하여,
어지러이 다투어 벽면에 이름을 새겼구나.

莫年重過此 依舊物猶佳
盤據那能動 崔危不可埋
琮琤戞金石 飄灑爽襟懷
欲得名傳久 紛紛競刻崖[47)]

김인섭도 이진상과 마찬가지로 벽면에 새겨진 사람들의 성명을 보면서 비감悲感을 느끼고 있다. 마지막 구의 '어지러이 다투어 벽면에 이름을 새겼구나.'라는 어투에서 시인이 씁쓸하게 여기는 정서를 느낄 수 있다.

하루 종일 푸른 소나무를 바라보네

수승대 위에는 여러 그루의 소나무가 자생하고 있다. 소나무는 선비의 불변의 지절志節을 상징하는 식물이다. 선인들은 수승대에 찾아와 바위 위에 뿌리를 내린 소나무의 절개를 우러르며 자신의 지조를 다짐하기도 하였다. 기호 지방의 학자 송병선宋秉璿은 수승대에서 다음과 같은 시를 지었다.

수승대는 거북이가 엎드려 있는 형상,
그 모습 우뚝하여 세상에 빼어나구나.

수승대 소나무. ©유근종

물은 세차도 물고기는 유유히 노닐고,
바위는 기이하여 이끼가 덮질 않았네.
이 늙은이 마음속에 절로 흥취 일어나니,
어찌 알리 그것이 퇴계 선생의 삼회일줄.
꽃향기 스치고 소나무는 푸르기만 한데,
하루 종일 그늘진 언덕에 앉아 바라보네.

臺作穹龜伏 屹然宇宙佳
水瀉魚猶泳 石奇蘇不埋
自有淵翁興 那知退老懷
花香松樹碧 鎭日坐陰崖[48)]

송병선은 1905년에 을사늑약이 체결되자 을사오적의 처형을 주장하다가 독약을 마시고 자결한 인물이다. 그는 수승대에 와서 바위 위에 꿋꿋하게 서 있는 푸른 소나무를 하루 종일 바라보며 그와 같은 지절을 지키고자 하는 마음을 노래하였다. 나라가 망해가는 시점에서 하루 종일 소나무를 바라보고 있는 시인의 모습이 비장하기만 하다. 이 시는 이황의 시에 차운하여 지은 것이지만, 이끼가 끼지 않는 바위의 개결한 모습과 그 위에 의연히 서 있는 소나무에 온통 시인의 마음이 가 있다.

이상에서 살펴본 것처럼 이황의 시에 차운한 시에는 이황이 수승대라고 이름을 고친 것이 수송대라는 종래의 이름보다 더 낫다는 인식, 이황의 유적이 남아 있어 더욱 빛을 발하게 되었다는 인식, 이황보다는 임훈·정온의 유적이 있어 아름답다는 인식이 있다. 또한 이황·임훈 등 특정 인물보다는 수승대의 소나무에서 선비의 지절을 보고 아름답다고 인식한 경우도 있다. 그리고 선현의 유적이 있는 곳에 함부로 이름을 새기지 않으려는 인식도 나타나고 있어 여러 가지 감회를 느끼게 한다.

이황의 시에 차운하지 않은 시의 세계

조선 시대 지식인들이 수승대를 노래한 시 가운데는 이황의 시에 차운하여 지은 시가 가장 많다. 그렇지만 이황의 시에 차운하지 않고 독자적으로 운자를 내어 시를 지은 경우도 다수 발견된다. 독자적으로 수승대를 노래한 시 가운데는 수송대라는 옛 명칭을 쓴 경우도 있고, 이황이 개명한 수승대라는 명칭을 쓴 경우도 있는데, 이황의 시에 차운하지 않고 지은 시이기 때문에 이황의 시에 차운한 시와는 의경意境이 다르게 나타난다. 여기서는 그 가운데 경관을 잘 형용한 몇 수를 통해 어떤 양상을 보이고 있는지를 살펴보도록 한다.

수승대 거북바위. ©거창군청

십 년 동안 꿈속에 그린 경치

앞에서 언급했듯이, 수승대는 기호 지방의 학자들에게도 널리 알려진 명승이었기 때문에 그 이름을 들어본 사람이라면 누구나 한 번쯤 가 보고 싶은 곳이었다. 조선 중기 안의삼동을 다 유람한 김창흡金昌翕은 수승대에서 아래와 같이 읊었다.

말만 듣던 수송대를 직접 와서 보니,
길게 뻗은 수석이 한 눈에 들어오네.
비 내리고 바람 불어 실의에 빠졌는데,
날이 개도 해는 여전히 운무에 가렸네.
등불을 들고 가서 벽면을 비춰 보고,
흔들리는 평상에서 시내를 마주하네.
십 년 동안 꿈에 그린 원학동의 경치,
한때의 분주한 마음을 실어 보내네.

愁送臺堪倚 連延水石長
雨兼風敗意 晴又日沉光
照壁幢幢燭 臨溪撼撼床
十年猿鶴夢 輸了一遭忙[49)]

이 시에서 작자는 수송대라는 명칭을 쓰고 있으니, 그에게는 수승대라는 명칭보다 수송대라는 명칭이 더 마음에 들었기 때문일 것이다. 이 시를 지은 김창흡은 기호 지방 인물인데, 10년 동안이나 원학동을 꿈꾸었다고 하였다. 전국의 명승을 두루 찾아다닌 김창흡의 마음에 수승대는 10년 동안이나 답사일번지로 자리하고 있었던 것이다. 10년 동안이나 꿈속에서 그리던 명승지에 찾아와 분주했던 세속의 티끌을 모두 씻어 내며 상쾌함을 느끼는 시인의 감흥을 우리는 이해할 수 있을까?

봉래산蓬萊山·망천輞川보다 더 신령한 세계

원학동은 전체적으로 신선세계의 이미지를 가지고 있는데, 그중에서도 수승대는 더욱 그런 분위기를 자아내는 곳이다. 진주에 살던 정식鄭栻, 1683-1746은 이런 수승대의 경관을 삼신산의 하나인 봉래산보다 더 신령한 곳으로 평하였다.

> 한 층의 신령한 곳 봉래산보다 더 나은데,
> 오랜 세월 이 대에 학은 몇 번이나 왔는지.
> 하얀 돌은 개벽할 때 눈이 녹지 않은 것이고,
> 푸른 바위는 개벽 전의 이끼를 띠고 있네.
> 시냇가 꽃은 바람 없는 부슬비에 흩날리고,
> 골짜기 물은 번개 없는 우레처럼 쏟아지네.
> 지난해 단풍 들 때 이곳을 지나간 나그네,
> 오늘은 이 저문 봄에 이곳을 다시 찾아왔네.
>
> 一層靈境勝蓬萊 萬古仙臺鶴幾迴
> 白石未消開闢雪 蒼嵒猶帶混沌苔
> 溪花亂落無風雨 洞水奔狂不電雷
> 黃葉昔年經過客 暮春今日又尋來[50]

정식은 명나라가 망하자 지리산 밑으로 들어가 은거한 인물이다. 그는 영남 지방의 명승을 두루 찾아다니며 유람하였는데, 수승대의 경관이 봉래산보다 더 낫다고 하였다. 이 시에는 태초의 때 묻지 않은 세계를 갈망하는 시인의 정신이 드러나 있다. 시인이 봄과 가을에 수승대를 찾은 것을 보면, 티끌이 없는 수승대의 경관에 마음이 더욱 끌렸던가 보다. 이 시는 제목에 수승대라는 명칭을 쓰고 있지만, 이황의 시에 차운하지 않고 독자적으로 읊은 것이다.

한편 조선 후기 여항시인 조수삼趙秀三, 1762-1849은 수승대를 중국의 명승 망천輞川에 비유하여 다음과 같이 노래했다.

이곳은 참으로 사람 때문에 이름이 났고,
수승대는 제 자리를 얻어 우뚝하게 됐네.
이 동네는 삼국 시대 사신이 다니던 길,
영남의 오른 쪽에 정자 하나 우뚝 섰네.
시내와 바위 사람 마음을 기쁘게 하고,
숲 속의 꽃들이 나그네 수염에 비치네.
내 중국 망천도輞川圖를 본 적 있는데,
그 봉우리와 계곡을 여기서 만나는구나.

境固因人勝 臺仍得地高
洞中三國使 嶺右一亭皐
水石通心肺 林花映鬢毛
曾看輞川畵 峯壑此逈遭[51]

'망천도'는 당나라 때 시인 왕유王維가 자신의 별장을 그린 그림이다. 망천은 중국 섬서성 남전현藍田縣 남쪽에 있는 시내의 풍광이 빼어난 곳인데, 유명한 시인 왕유가 그곳에 살아 명승으로 이름이 났다. 망천은 우리나라 사람들에게도 알려져 한 번 가 보고 싶은 명승으로 인식되었으며, 그와 유사한 경관이 있는 안동 풍산에는 망천이라는 명소가 생겨나기도 하였다. 시인은 왕유가 살던 그림 속의 풍경을 수승대에서 만나게 되었다고 하여, 이곳이 망천처럼 아름다운 명승임을 드러냈다. 이 시의 제목에는 수승대라 하였지만, 이황의 시에 차운하지 않고 작자의 개성 있는 의경을 노래하고 있다.

갈천의 향기와 모리의 나뭇잎이 떠가는 곳

안동권에 사는 학자라고 해서 모두 이황의 수승대시에 차운하여 시를 짓지는 않았다. 그 대표적인 사람이 경북 영양에 살던 조운도趙運道, 1718-1796이다. 그는 제목에 수승대라는 명칭을 썼지만, 이황의 시에 차운하지 않고 독자적으로 다음과 같이 노래했다.

수승대 앞으로 흐르는 시내,
흘러드는 온갖 계곡의 구름.
빙빙 도는 모리某里의 지는 나뭇잎,
맑고 심원한 갈천葛川의 향기로움.
나를 붙잡아 저녁 내내 읊조리게 하여,
못가에 앉아 속세의 티끌을 씻어 내네.

작은 꽃들 바위틈에서 방긋이 웃으며,
이 동네도 봄이 왔다고 내게 알려 주네.

搜勝臺前水 流來萬壑雲
盤回某里葉 淸遠葛川芬
留我詠終夕 臨淵坐滌塵
小花巖畔笑 爲報洞門春[52)]

조운도는 조덕린趙德隣의 손자로 소론계에 속했지만 안동권 학자들과 교유한 인물이다. 그런데 그는 수승대에 와서 모리재에 은거했던 정온의 절의와 갈천동에 살았던 임훈의 향기를 떠올리고 있다. 아마 그의 마음에는 경관의 아름다움보다는 이곳에 깃든 상징적 의미가 더 간절히 와 닿았던 듯하다. 그리하여 수승대 주변의 나뭇잎은 정온의 절의를 나타내는 상징물로, 맑은 시냇물은 임훈의 학덕을 나타내는 향기로움으로 묘사하고 있다. 이 시에는 수승대라고 이름을 고치고 또 시를 지은 이황에 대한 언급이 일절 없다. 이를 보면 시인은 정온의 절의와 임훈의 학덕이 깃들어 있는 점에 더 의미를 부여하고 있었던 것을 알 수 있다.

꽃잎이 떠가는 것을 앉아서 바라보네

구한말 구례에 살던 황현黃玹은 수승대를 찾아 아래와 같이 노래했다.

「황현 초상」, 개인 소장.

황현黃玹, 1855-1910

자는 운경雲卿, 호는 매천梅泉, 본관은 장수이다. 전라도 광양 출신으로 황시묵黃時黙의 아들이다. 1888년에 생원시에 합격한 뒤 과거를 단념하였다. 전라도 구례에 서재를 마련하고 독서와 저술을 일삼았다. 이건창李建昌·김택영金澤榮과 문명을 나란히 하였다. 1910년에 일제에게 나라를 빼앗기자 통분해하며 절명시 4수를 남기고 자결하였다. 저술로 『매천야록梅泉野錄』 등이 있다.

바위는 거북이 나와 햇볕을 쬐는 듯하고,

못에 고인 물은 하나의 긴 활처럼 생겼네.

예스러운 단풍나무 소나무 그림자 비추고,

허공에는 구름과 물안개의 빛이 피어오르네.

다리는 위태로워 딛자마자 삐걱거리고,

봉우리는 예뻐서 자리를 옮기지 않네.

꽃잎이 떠가는 것 앉아 보고 있는데,

동구 밖엔 봄바람이 세차게 부나 보다.

廻疑龜出曝 潭匯一弓長

照古楓松影 蒸空雲水光

橋危纔響屐 峯好不移床

坐看花浮去 春風洞外忙[53]

이 시는 못에 비친 고목의 그림자 및 허공에 피어오르는 구름·물안개를 형용한 것이 절묘하다. 이 시의 빼어난 의경은 마지막 2구에 있다. 시인은 꽃잎이 물 위에 떠가는 것을 보면서 동구 밖에 봄바람이 세차게 분다고 하였다. 봄바람이 세차게 분다는 표현에서 떠내려가는 꽃잎과 묘한 대조를 이룬다. 나라가 망해 가는 시점에서 시인의 근심이 그대로 드러난 것으로 보인다. 절명시를 써 놓고 자결한 시인의 마음이 느껴지는 대목이다.

바위에 걸터앉아 마음껏 노래를 불러 본다

구한말의 문호 김택영金澤榮도 수승대를 찾아 장편시를 지었는데, 그중에 일부분을 인용해 본다.

아! 눈에 들어오는 이 동네의 전경,
큰 바위가 이리저리 달리며 노한 듯.
빼곡한 시 전서로 깊이 새겨져 있는데,
불쑥 솟은 대 높은 기둥에 매어 놓은 듯.
우뚝하게 큼직한 한 덩어리 물체,
거북이도 아니고 자라도 아닐세.
시냇가에서 배부르게 물 마신 듯,
고개 들고 앞으로 달려 나갈 듯.
물결 이는 연못이 그 사이에 끼었는데,
이곳에서 도대체 몇 년이나 머물렀나.
용바위가 울적하게 서로 바라보고,
그 밑의 반석은 형세 또한 기이하네.
여러 계곡 동으로 한 줄기가 되었는데,
비바람이 날마다 다투기를 즐겨하네.

김택영金澤榮, 1850–1927

자는 우림于霖, 호는 창강滄江, 본관은 화개花開이다. 개성 출신으로 김익복金益福의 아들이다. 20대 초에 이건창 등과 교유하며 문명을 얻었고, 34세 때 김윤식金允植의 추천으로 한양에 와 있던 중국의 진보적 지식인 장건張謇과 교유하기 시작하였다. 1891년에 진사가 되었고, 1895년에 중추원 서기관을 지냈다. 1905년에 을사늑약이 체결되자, 중국 남통南通으로 망명하여 저술과 출판을 하면서 조선의 문화를 후세에 남기고자 하였다. 저술로 『창강고滄江稿』·『소호당집韶濩堂集』 등이 있다.

흰 물거품 빙빙 돌아 눈송이가 비친 듯,
시퍼렇게 깊은 물은 거울을 닦은 듯.
푸르디푸른 원학산 깊은 산속에서,
졸졸졸 흐르는 시냇가 한밤의 정취.
불타는 듯한 붉은 단풍나무들,
예쁘고 곱게 물가에 서 있구나.
앞을 바라보니 나는 새는 간 곳 없고,
뒤를 돌아보니 흰 구름이 일어나네.
아련한 생각 다 헤아릴 수 없는데,
굽이도는 저 물결은 언제나 그치려나.
바위에 걸터앉아 마음껏 노래를 부르니,
용의 귀를 한 차례 시끄럽게 하였구나.

十十里聞雷硠　遙知搜勝處
山水明相磨　深入悄忘語
蕭疎烟火稀　屈曲行徑微
驚湍稍恐客　空籟仍滿衣
呀然見洞府　大石紛騰怒
鬱律帶深篆　穹窿駕高柱
磊磊者一物　非龜復非鼈
臨流飮滿腹　昂首將馳突
風潭忽間之　留此幾年時
龍岩鬱相望　盤陀勢更奇

千溪東一線　風雨日酣戰
沸白回雪影　深靑開鏡面
蒼蒼猿山裏　歷歷夜川涘
燦燦丹楓樹　娟娟更臨水
前望飛鳥失　後顧白雲起
眩幻不可測　沿回竟何止
踞石且放歌　一撼乖龍耳[54)]

이 시는 수승대의 자연 경관을 아름답게 묘사해 놓았다. 특히 거북바위라고 하는 수승대의 형상을 실감나게 그린 장면은 그 어떤 시인의 시에서도 찾아볼 수 없는 절창이다. 시인은 수승대 근처 바위에 걸터앉아 아련한 생각으로 마음껏 노래를 부르고 있는데, 그 노랫소리가 속세의 티끌을 다 씻어 낸 것처럼 들린다. 나라가 망해 가는 즈음에 가슴속에 쌓인 답답한 심경을 잠시나마 씻어 내고 싶었던 것일까.

이상에서 살펴본 것처럼 이황의 시에 차운하지 않고 독자적으로 지은 시의 세계에는 오래도록 꿈속에서 그린 수승대를 찾아와 느낀 감회, 수승대를 봉래산·망천보다 더 신령한 곳으로 보는 인식, 수승대 경관보다는 임훈과 정온의 정신을 그리는 정서, 도가 망하고 나라가 망해 가는 시점에서 느끼는 지식인의 번민 등 다양한 정서가 드러나 있다.

수송대라는 옛 명칭으로 지은 시의 세계

이황이 수승대라고 개명을 한 뒤에도 예전의 명칭인 수송대의 의미를 살려 지은 시도 여러 수 발견되는데, 주로 경상우도와 기호 지방 학자들이 노래한 것이다. 굳이 수송대로 제목을 삼아 쓴 시를 보면, 수승대보다 수송대라는 명칭에 더 의미를 둔 것을 알 수 있다. 또한 수승대라는 명칭을 제목에 쓰더라도 수송대라는 역사적 의미를 살려 지은 시도 있는데, 이 경우도 수송대라는 옛 명칭의 의미를 염두에 두고 읊은 것이다. 여기서는 이런 시 몇 수를 통해 작자의 의경을 살펴보기로 하겠다.

수송대에 올라 근심을 실어 보내네

앞에서 살펴보았듯이, 수송대의 명칭에 대한 전설은 세 가지가 있다. 그런데 그 의미로 보면 크게 두 가지로 나누어 볼 수 있다. 하나는 떠나는 이를 전송할 때 수심이 서린 곳이라는 의미이고, 하나는 근심을 날려 보내는 곳이라는 의미이다. 삼국 시대에는 이곳이 전별의 장소였기 때문에 수심에 찬 마음으로 길 떠나는 이를 전송할 수밖에 없었을 것이다. 그러나 후대에는 그런 기억이 점점 잊히고, 청정한 곳에 와서 가슴속에 쌓인 수심을 풀어 버리는 장소로 재정립되어 근심을 날려 보내는 곳이 되었을 것이다.

더구나 수송대 밑에 있는 척수대滌愁臺라는 명칭과 함께 그 뜻을 음미해 보면, 모두 수심을 씻기에 딱 좋은 장소라는 의미로 붙여진 것을 알 수 있다. 척수대에서 수심을 씻고, 수송대에서 근심을 날려 보내면, 가슴속에 티끌이 남아 있지 않아 절로 신선이 된 듯한 기분을 맛보리라. 그래서인지 수송대라는 명칭으로 쓴 시에는 근심을 실어 보내는 곳이라는 점을 많이 노래하고 있다.

이런 명칭이 있는 수송대에 찾아온 사람치고 그 누군들 속세의 티끌을 다 씻어 버리고 싶은 마음이 없겠는가. 그래서 조선 시대 선비들은 이곳에 와 그런 청량감을 한껏 맛보며 신선세계의 이미지를 시로 그려 낸 것이다. 합천 초계에 살던 전영全榮, 1609~1660은 수송대에서 다음과 같이 읊었다.

수승대 거북바위의 여름. ©거창군청

나에게 영원히 고통스러운 수심이 있어,
한 해가 다가도록 떨치지 못했는데.
수송대에 올라 근심을 다 실어 보내니,
이 가슴속의 회포 상쾌하고 시원하네.

我有長愁苦 年來未盡排
臺能送愁盡 灑落此襟懷[55]

전영은 조식의 문인인 전치원全致遠의 손자이다. 시인은 가슴속의 깊은 수심을 수송대에 올라 다 실어 보냈다고 노래하여, 근심을 실어 보내는 곳으로 수송대를 이해하고 있다. 수심을 풀 곳이 인근에 있다면 얼마나 행복한 일이겠는가. 이런 점에서 수송대라는 이름이 새삼 의미 있게 다가온다. 무릉도원, 또는 신선세계로 일컬어지는 원학동은 바로 인간세계의 불화를 달래는 장소로서 그 의미가 더해진다. 이처럼 수송대는 자기정화의 장소였고, 세속의 티끌을 씻어 내고 새로운 청정심을 회복하는 곳이었다.

전영은 평생 떨쳐내지 못했던 근심을 수송대에서 다 벗어던지고 다음과 같이 또 읊었다.

빼어난 수승대 높은 대에 올라서니,
날개 돋아 신선 되어 날아갈 듯하네.
바위에는 붉은 봉황새 집이 뚫려 있고,
시냇물은 검은 용이 사는 못이 되었네.
검은 글자는 필적을 분간하기 어렵고,
푸른 솔은 몇 년이나 되었는지 모르네.
근심스러운 회포 다 풀지 못하고서,
석양에 발길을 돌려 돌아가누나.

形勝高臺上 如登羽化仙
巖開丹鳳穴 水作黑龍淵
墨字難分跡 蒼松不記年
愁懷猶未盡 歸路夕陽天[56)]

시인은 처음 이 대에 올라 오래 묵은 근심을 다 풀고 상쾌한 마음을 맛보았다. 그래서 그 답답하고 울적한 심사를 날려 보낸 소회를 기쁘게 노래했다. 그런데 막상 돌아가려니 서운했던가 보다. 그래서 근심스러운 회포를 아직 다 풀지 못하고서 석양에 발길을 돌린다고 노래하고 있다.

기호 지방의 학자 심육沈錥도 수승대에 이르러 신선세계에 온 듯한 상쾌한 기분을 느끼며 아래와 같이 노래했다.

앞으로 달려 나갈 듯한 큰 산의 형세가,
이곳에서 이르러 문득 평평하게 열렸네.
시냇물은 비스듬한 반석을 돌아 흐르고,
소나무는 우뚝한 이 대 옆에 서려 있네.
멀찌감치 속세의 티끌에서 벗어났으니,
이제 다시 근심을 불러들이지 않으리.
괴이하네 청량한 신선세계 왔는데도,
바람 불자 홀연히 먼지가 일어남이여.

大山方進勢 於此忽平開
水轉陂陀石 松蟠偃蹇臺
悠然出塵遠 不復喚愁來
怪底淸冷界 風吹倏起埃[57)]

제5구를 보면 속세의 티끌을 벗어나 신선세계에 와 있는 작자의 마음이 느껴진다. 그리하여 시인은 제7구에 보이는 것처럼 수승대를 청량한 신선세계로 표현하였다. 시인은 이처럼 청정한 신선세계에 이르면 속세의 티끌이 다 없어지리라 생각했다. 그런데 그곳에서도 바람이 불자 문득 먼지가 일어났다. 그래서 시인은 놀라 괴이하게 여긴다. 신선세계에도 바람이 불자 티끌이 일어난다는 마지막 구는 묘한 여운을 남긴다.

시인은 무엇을 말하고자 한 것일까? 외적 대상이 청정하다고 해서 마음의 갈등이 없을 수는 없다. 마음의 갈등을 없애려면 내면의 세계에 갈등이 없어야 한다. 심육은 정제두鄭齊斗에게 수학한 인물로 심학心學을 위주로 하였으니, 외적인 대상에 나아가 진리를 찾으려 하지 말고 자신의 마음속에서 갈등이 없는 세계를 찾으라는 말이 아닐까.

한편 상주에 살던 이만부李萬敷는 수송대라는 명칭과 그 밑의 척수암이라는 명칭에 착안하여 다음과 같이 읊었다.

척수암 위에서 이미 근심을 씻었는데,
어찌 다시 수송대서 근심을 실어 보내리.
별천지에서 그윽한 흥취를 찾노라니,
봄이 함께하지 않을까 걱정일세.
부여잡고 오르며 선계 유람 시도하니,
문득 신선 되는 듯한 통증을 경험하네.
옥 같은 시냇물이 저 밑에 모여 있고,
비단 같은 계곡이 허공에 매달린 듯.
숲 속의 새들은 잠자리에 들 기약 없이,
어찌 그리도 맑은 목소리로 지저귀는지.

이곳에 앉아 온갖 근심 씻어 내지만,
떠난 뒤엔 응당 꿈속에서 근심하리.

巖上滌得愁 如何更愁送
別界尋幽興 却怕春不共
攀援試拂衣 旋疑換骨痛
玉流會其下 錦縠熨影空
林鳥無宿期 那復恣淸哢
坐此埽百憂 去後應愁夢[58)]

이 시는 척수암滌愁巖과 수송대愁送臺의 의미를 잘 살려 지었다. 시인은 별천지인 척수암에서 근심을 씻어 버렸다. 그리하여 수송대에 이르러서는 '어찌 다시 근심을 실어 보내겠는가.'라고 너스레를 떤다. 그러면서 신선세계를 유람하는 흥취를 한껏 느끼고 있다. 그렇지만 제7구를 보면 시인은 수송대라는 이름을 다시 떠올리며 온갖 근심을 다 씻어 내려 하고 있다. 그러고 나니 이곳을 떠나고 나면 꿈속에서 이곳을 그리워하며 또 근심을 할 생각에 또 걱정이 생긴다. 이 시는 척수滌愁와 수송愁送의 의미를 잘 살려 묘하게 지은 시로 그 의경이 참신하기 이를 데 없다.

이런 생각을 해보면, 경관이 빼어나다는 뜻의 수승대라는 이름보다는 근심을 실어 보낸다는 의미의 수송대라는 명칭이 더 인간적인 느낌이 들며, 인간사의 수심을 다 함축하고 있어 보다 깊은 여운을 남긴다. 평생 수심을 안고 사는 것이 인생인데, 그런 근심을 잠시라도 날려 보낼 수 있는 청정한 곳이 있다면 얼마나 좋겠는가. 게다가 청정한 신선세계에 근심을 날려 보내는 곳이라는 명칭이 있으니, 금상첨화가 아니겠는가.

한편 구한말 이건창李建昌은 수송대에서 「수송대가愁送臺歌」라는 제목으로 장편 고시를 지었는데, 앞부분만 인용해 본다.

그대는 보지 못했는가,
수송대 밑 물속의 바위가,
우뚝 솟아 삼백 척 높은 대가 되고,
너럭바위 곳곳에 술통과 술잔 만들었는데,
이 술잔 한 잔 술이 천 잔쯤은 됨직한 것.
이 대 앞을 흐르는 물 맑은 못에 모여드니,
낚싯대 드리고 줄을 잇는 것 옛날엔 몰랐네.
미풍에 비단 물결 잔잔하게 일어나니,
마치 봄 술에 짙푸른 봄빛이 찬란한 듯.
만약 저 술잔으로 저 술을 들 수 있다면,
온 세상 수심인들에게 나눠 주어 마시게 하리.
술잔 한 순배 돌리면 수심을 다 날려 보내,
다시 근심을 하려 해도 그럴 수 없게 하리.
나는 본래 수심인 이미 술을 즐겨 하는데,
우리 고을 몇몇 사람 나와 같은 취미 있네.
평생토록 근심 많아 술이 쓴 적 적었으니,
입과 목이 마르면 가슴속이 답답해지네.
어찌하면 벗들과 함께 이 대에서 함께 마셔,

한 번에 백 잔 마시며 하루 종일 놀아 볼까.
고개 위의 금빛 원숭이 나와서 축수하고,
동네 사는 푸른 학이 자리에 와서 춤추네.
이와 같은 시내와 산 술 마시기 좋은 곳,
내 권하고 그대 따르니 진정한 막역지우.

君不見　愁送臺下水中石　湧爲高臺三百尺
旁鑿酒槽與酒杯　一杯可與千觴敵
臺前衆流匯澄潭　沈竿續蔓古莫識
微風錦浪盪漣漪　正似春醲開重碧
若擧此杯斟此酒　散與天下愁人喫
酒杯一到愁盡送　雖欲更愁應不得
僕本愁人業嗜酒　吾黨數子頗同癖
平生多愁酒苦少　口乾喉燥痞胸膈
安得同登此臺飮　一飮百杯窮朝夕
嶺上金猿出獻壽　洞中靑鶴來舞席
如此溪山好酒所　我勸爾酬眞莫逆[59)]

작자는 수심이 깊어 술을 즐기는 사람이라고 하였다. 그런데 그는 개인적 근심을 푸는 데서 그치지 않고 세상 사람들의 근심을 풀겠다고 하였다. 그러니 그에게는 수승대라는 명칭보다 수송대라는 이름이 더 친근하게 다가왔을 것이다. 시인은 수승대 옆의 너럭바위에 움푹 파인 술잔으로 수송대 밑의 못에 고인 술을 떠서 수심에 차 있는 세상 사람들에게

수승대 앞의 하얀 반석. ©유근종

나누어 주어 근심을 풀게 해주고 싶다 노래하였다. 아, 이 얼마나 장쾌한 발상인가. 나의 수심을 푸는 데서 그치지 않고, 대중의 수심을 풀어주는 데까지 마음이 미쳤으니, 이보다 더한 소통이 어디에 있겠는가. 위정자들이 이 시를 읽고서 이와 같은 생각을 했으면 얼마나 좋을까.

이처럼 근심을 풀 수 있는 곳이 수송대이다. 어느 시대 사람들인들 근심이 없겠는가. 그들이 와서 자연경관의 아름다움에 취해 노래하기보다는 수심을 풀고 자기정화를 하고 돌아간다면, 이곳은 명승의 개념을 넘어 정신을 치유하는 자연친화적 학습장이 될 것이다. 이렇게 아름답고 슬픈 장소가 이 세상에 어디 있겠는가. 수승대라는 명칭은 장소의 아름다운 경관과 잘 어울리고, 수송대라는 명칭은 역사성을 지닌 데다 힐링의 감성을 자극하니, 이 두 이름은 모두 길이 전승해야 할 아름다운 명칭이다.

고인들이 수심으로 전송하던 곳이로세

수송대라는 명칭에 얽힌 세 가지 설 가운데 고인들이 수심으로 전송하던 곳이라는 의미로 붙여졌다는 설은 유구한 역사성을 갖고 있다. 그러나 이는 대체로 삼국 시대 전설에 의거한 것이었기에 조선 시대 시인들의 머릿속에서는 서서히 잊히고, 근심을 실어 보내는 곳이라는 의미가 일반적으로 받아들여진 듯하다. 그렇지만 오랜 역사적 사실을 떠올리며 수심으로 사신을 전송하던 곳이라는 의미를 살려 노래한 시도 간혹 눈에 띈다.

진주에 살던 하달홍河達弘, 1809-1877은 수송대의 명칭에 대해 신라 시대 중국으로 가는 사신을 전송하던 곳이라고 하였다. 그는 수송대에 이르러 이런 마음으로 다음과 같이 노래했다.

조물주가 온갖 재주를 다해 만든 이곳,
이름난 명승지에 이 수승대가 있구나.
누각을 보호하고 서 있는 두 그루 나무,
협곡을 꿰뚫고서 굽이굽이 흐르는 시내.
아름다운 풍광을 실컷 구경하다 보니,

나그네의 급한 마음도 다 잊어버렸네.
옛날 사람들 수심으로 전송하던 곳에서,
오늘은 나 혼자 앉아 술잔을 드는구나.

造物無餘巧 名區有此臺
護樓雙樹立 穿峽一溪回
賸得風光好 渾忘客意催
昔人愁送處 今日把孤盃[60)]

제7구를 보면, 시인이 이곳의 역사적 상징성에 착안하여 옛날을 회고하는 심경으로 노래한 것을 알 수 있다. 고인들이 수심에 차서 사신을 전송하던 곳에서 시인은 혼자 술잔을 기울이고 있다.

한편 경주에 살던 이의활李宜活, 1573-1627은 수송대에서 다음과 같이 노래했다.

높은 대에 힘써 올라서 바람을 쐬는 유람,
시냇물은 부질없이 고국의 근심 머금었네.
나그네는 대부분 오르지 못해 한하는데,
오열하는 푸른 물결 밤낮으로 흐르누나.

高臺强作馭風遊 谿水空含故國愁
客中多少登臨恨 嗚咽蒼波日夜流[61)]

이 시는 삼국 시대 신라와 백제의 접경 지역으로서 사신을 떠나보내던

수승대 전경. ©유근종

장소였음을 상기하면서 읊은 듯하다.

하달홍과 이의활의 시는 모두 제목에 수승대라는 명칭을 쓰고 있지만, 시인의 의경은 수송대라는 옛날의 명칭에서 정취를 일으키고 있는 것이 특징이다. 또한 이 두 편의 시는 모두 수송대의 의미를 근심을 씻어버리는 곳으로 보지 않고, 수심으로 사신을 전송하던 곳이라는 점에 초점을 맞추고 있어 경관의 이미지보다는 역사적 사실에 더 의미를 둔 것을 알 수 있다.

우리가 선현의 유적지를 답사하는 것은 선현을 만나기 위해서이다. 선현의 마음과 정신을 만나지 못하면 그것은 껍데기만 보고 돌아오는 것이다. 20년 전 중국 산동성 곡부에 있는 공자의 묘소에 참배하러 간 적이 있는데, 한국 사람들이 우르르 몰려오더니 "이것이 공자의 묘여, 별것 아니구먼."이라고 하면서 5분도 안 되어 되돌아가는 모습을 보고 깊은 한숨을 쉰 적이 있다. 문화유산답사가 유행처럼 번지다 보니, 껍데기만 보고 돌아오는 경우가 허다하다. 장님이 남대문 구경한 것과 무엇이 다르랴.

수송대에서 모리를 바라보다

한편 수송대라는 명칭의 유래와는 무관하게 시인의 수심을 실어 보내는 의경으로 지은 시도 있다. 거창에 살던 정필달鄭必達, 1611-1693은 수송대에서 다음과 같이 읊었다.

고현의 긴 단풍나무 숲을 보니 눈이 휘둥그레,
척수암 수송대에 오르자 진경 찾기 싫어지네.
천년 된 원학동이 명승임을 이제 알겠구나,
춘삼월 꽃과 꾀꼬리에 봄기운이 가득하네.
복자천宓子賤•의 거문고 그쳐 다시 듣기 어렵고,
산공山公•은 술을 마구 마셔 또한 순배 없었네.

•복자천宓子賤

공자의 제자 복부제宓不齊를 말함. 자천子賤은 그의 자이다. 수령이 되었을 때 거문고를 타서 민심을 교화시켜 태평하게 다스린 것으로 유명하다.

요수정 오른쪽으로 고개 돌려 자주 바라보니,
나는 심상하게 감흥이 다한 사람 아니라네

古縣長楓眼界新 滌愁愁送懶尋眞
千年猿鶴知名洞 三月鷽花滿意春
宓子琴希休更聽 山公酒爛且無巡
樂齋東畔頻回首 不是尋常興盡人[62]

정필달은 조식의 재전再傳 문인 정온 등에게 배운 남명학파의 일원으로, 1645년에 문과에 급제하여 단양군수 등을 지냈다. 이 시에는 공자의 제자 복부제宓不齊와 진晉나라 때 사람 산간山簡의 고사를 인용하고 있는데, 복부제는 거문고를 타면서 예악으로 민심을 교화해 태평지치를 이룩한 인물이며, 산간은 정남장군征南將軍으로 있을 때 항상 말을 타고 고양지高陽池로 나갔다가 대취해서 돌아왔다는 인물이다. 산간의 고사를 인용한 것은 복부제와는 반대로 술이나 마시며 목민관의 역할을 다하지 못하는 사람들을 비유한 것이다. 즉 시인의 이상은 복부제처럼 선정을 베푸는 목민관이 되는 것인데, 현실정치는 산간과 같은 사람들이 가득하다는 말이다. 정치현실에 대한 시인의 답답한 마음을 드러내고 있다.

이 시는 작자가 수송대에서 맞은편 산 너머에 있는 스승 정온이 은거했던 모리재를 바라보며 현실을 개탄하는 마음으로 지은 것이다. 시인은 수송대에 올라 스승에 대한 그리움이 간절하였던가 보다. 그리하여

• 산공山公

중국 진晉나라 때 사람 산간山簡을 말함. 늘 술에 대취하여 남의 등에 업혀서 돌아오곤 하였다.

수송대의 빼어난 경관이나 역사적 고사에는 별 관심을 보이지 않고, 건너편 산속에 있는 스승의 은거지를 떠올리고 있다. 이 시의 마지막 구에서 자신은 흥이 다한 사람이 아니라고 끝을 맺었으니, 그에게는 스승을 향한 그리움으로 수심이 가득했던 것을 알 수 있다. 그런 점에서 시인은 은근히 근심을 실어 보낸다는 의미의 수송대라는 이름이 마음에 절실히 와 닿았던 듯하다.

이상에서 살펴보았듯이, 수송대라는 명칭으로 쓴 시의 세계는 대체로 수송이라는 명칭과 연관하여 수심을 씻어 내는 장소로서의 의경을 드러낸 시가 많으며, 역사적 의미를 회고하며 수심에 차 사신을 전송하던 고인의 마음을 회상하여 지은 시도 있다. 그리고 정필달의 경우처럼 스승을 사모하고 시대를 탄식하는 의경으로 지은 시도 있다.

원학동의 명승과 그 속에 깃든 이야기

호음산
갈천서당
임훈, 임운 고가
갈계숲
모암정
강선대
모리재
용암정
수승대
척수암
동계 고택
위천면
동
가섭암지
문바위
유안청폭포
진동암
장풍교
영승 마을
마리면
37

분설담의 가을. ©거창군청

원학동의 주요 명승

원학동 입구는 마리면 영승리 영승 마을이다. 마리면 소재지에서 37번 국도를 따라 1.6㎞쯤 올라가면 오른쪽 산자락에 영승 마을이 보인다. 영승 마을 입구에서 약 2㎞쯤 위로 올라가면 고제면과 위천면으로 갈리는 삼거리가 나오는데, 그곳의 지명이 장풍長風이다. 삼거리에 장풍교가 있으며, 다리 아래쪽에 장풍숲이 있다. 이곳은 지명에서 알 수 있듯이, 덕유산 자락에서 시내를 따라 바람이 끝없이 불어오는 곳이다.

장풍 삼거리에서 왼쪽 위천면 방향으로 0.6㎞쯤 올라가면 오른쪽 길가에 진동암鎭洞巖이 보인다. 진동암은 '동천을 진압하는 바위'라는 뜻으로 붙여진 이름이다. 진동암에서 상류를 바라보면 평평한 들판이 펼쳐지고 하늘가에 덕유산 자락이 병풍처럼 늘어서 있다. 진동암에서 2.4㎞쯤 위에 위천면 소재지가 있는데, 이곳에 거북바위인 수승대가 있어 구연동龜淵洞이라 부른다. 이 구연동이 원학동의 중심이다.

원학동 입구 영승 마을부터 구연동까지의 명승은 세 구역으로 나눌 수 있다. 하나는 영승 마을 앞의 사락정四樂亭이고, 하나는 장풍에 있는 진동암이고, 하나는 구연동의 동계 고택桐溪古宅·척수암滌愁巖·수승대搜勝臺이다. 위천면 소재지에서 0.7㎞쯤 올라가면 왼쪽에 동계 고택이 있고, 1.2㎞쯤 위에 척수암이 있으며, 척수암에서 0.5㎞쯤 위에 수승대 입구 주차장이 있다.

위천면 소재지에서 서남쪽으로 산상천을 따라 올라가면 금원산과 기백산이 눈앞에 나타나는데, 이곳이 금원산자연휴양림이다. 그곳에 문바위, 가섭암지, 마애삼존불상 및 유안청폭포가 있다.

다시 수승대 입구 주차장에서 북쪽으로 1.7㎞쯤 올라가면 오른쪽 길가에 '갈천동문葛川洞門'이라는 표지석이 보이며, 그곳에서 0.5㎞쯤 위 시

영승 마을 전경. ©유근종

내 건너편에 용암정龍巖亭이 있다. 용암정 입구에서 0.9km쯤 올라가면 북상면 소재지가 나오며, 0.3km쯤 위에 임훈·임운 형제의 효자정려비각이 있고, 그 위 0.2km쯤에 임훈·임운의 고택이 있으며, 그 위 0.5km쯤 위 도로 왼쪽에 갈천서당이 있다. 또 효자정려비각 맞은 편 0.5km쯤의 시내에 고목이 울창한 갈계숲이 있는데, 그곳에 임훈이 소요하던 가선정駕仙亭 및 그의 후손들이 노닐던 도계정道溪亭·병암정屛巖亭이 있다. 이곳이 원학동의 또 하나 명소인 갈천동이다.

북상면 소재지에서 서쪽으로 형성된 깊숙한 골짜기가 월성계곡이다. 월성계곡을 따라 1.2km쯤 올라가면 왼쪽 시냇가에 강선대降仙臺·모암정帽巖亭이 있다. 모암정은 시냇가에 있으며, 시내 건너편에 강선대가 있다. 강선대 뒤에 작은 마을이 있는데, 그 마을 뒤쪽으로 난 산길을 따라 약

2㎞쯤 오르면 산 중턱에 정온이 은거했던 모리재某里齋가 나온다.

다시 모암정에서 월성계곡을 따라 5.3㎞쯤 올라가면 창선리 협곡 시내에 분설담噴雪潭이 있다. 그곳에서 2.8㎞쯤 위에 월성 마을이 있으며, 2.2㎞쯤 더 올라가면 협곡 오른쪽에 사선대四仙臺가 있다. 월성계곡의 명소는 강선대와 모암정이 한 구역이고, 모리동이 한 구역이고, 분설담이 한 구역이고, 사선대가 한 구역이다.

원학동의 명승은 이 외에도 몇 곳이 더 있지만, 조선 시대 유람객들이 즐겨 찾았던 곳은 아래와 같이 아홉 구역으로 나누어 볼 수 있다.

영승촌迎勝村 영승 마을·사락정四樂亭

장풍촌長風村 진동암鎭洞巖·장풍로長風路

구연동龜淵洞 동계 고택桐溪古宅·척수암·수승대
구연서원龜淵書院·요수정樂水亭

금원산자연휴양림 문바위·가섭암지·마애삼존불상
유안청폭포儒案廳瀑布

갈천동葛川洞 용암정龍巖亭·효자정려비·갈천서당
가선정駕仙亭·도계정道溪亭·병암정屛巖亭

강선대降仙臺 모암정帽巖亭·강선대降仙臺

모리동某里洞 모리재某里齋

분설담噴雪潭 분설담噴雪潭

사선대四仙臺 사선대四仙臺

영승촌迎勝村

영송촌迎送村에서 영승촌迎勝村으로

영승 마을은 마리면 영승리에 있다. 1580년에 영승 마을을 찾은 민인백閔仁伯은 원학동으로 들어가 임훈을 방문했다. 그가 원학동을 유람하면서 영승동이라 한 것[1]을 보면, 원학동 입구의 영승촌이 원학동을 대표하는 이름으로 쓰인 것을 알 수 있다.

영승 마을은 본래 영송촌迎送村이었는데 이황李滉이 이름을 바꿨다. 이황은 이름을 바꾼 이유를 다음과 같이 말하였다.

"영승촌迎勝村의 옛 이름은 영송촌迎送村이다. 그 이름이 전아하지 않아 '송送' 자를 바꾸어 '승勝' 자로 하였으니, 그 음이 서로 비슷하기 때문이다. 이 마을에 천석이 빼어난 곳이 있는데, 또 계절이 이른 봄을 맞이하여 경물이 새 철을 향하고 있기 때문에 영승촌이라 한 것이니, 한 철의 빼어난 모습을 기록한 것이다. 사락정은 시냇가에 새로 지은 것인데 지난해 내

「사락정」 현판. ©유근종

가 이름을 짓고 시를 지어 보낸 정자이다."[2)]

이황은 '사람을 맞이하고 전송한다.'라는 의미의 영송촌이라는 명칭을 아름답지 않게 여겨, '송送' 자를 음이 비슷한 '승勝' 자로 바꾸었다. 그 이유는 마을에 천석이 빼어난 시내가 있는 데다, 마침 계절이 초봄이어서 경물이 새로운 빛으로 변하고 있기 때문이었다. 그리하여 '영송촌'으로 불리던 이 마을은 '빼어난 경치를 맞이하는 마을'이라는 뜻의 '영승촌'으로 이름이 바뀌게 되었다.

네 가지 즐거움을 일러 주는 사락정四樂亭

영승촌 앞 시냇가에 있는 사락정은 '네 가지 즐거움을 누리는 정자'라는 뜻으로 붙여진 이름이다. 이 사락정은 이황이 이 마을을 방문하기 전에 지어준 이름이다. 이황의 장인 권질權礩이 이 마을에 와 우거하고 있을 때, 마을 사람 전식全軾이 시냇가에 정자를 지었다. 권질은 이 정자가 마음에 들어 늘 그곳에 나와 소요하였다. 권질은 한양에서 벼슬하고 있던 사위 이황에게 편지를 보내 이 정자의 이름과 시를 지어달라고 청하였는데, 이황은 사락정四樂亭이라 명명하고서• 서문과 시를 지어 보냈다. 그 서문은 다음과 같다.

> 안음현에 영송촌이라는 마을이 있는데, 산수가 맑고 아름다우며 토질은 비옥하다. 이곳에 전씨全氏가 대대로 사는 세거지가 있다. 전씨가 시냇가에 정자를 지었는데 자못 그윽하고 빼어나다. 장인 권공께서 유배지에서 돌아오시다 이 마을에 우거하셨다. 장인은 정자를 보고 기뻐하여 아침에 나아가서 저녁이 되어도 돌아오실 줄 몰랐다. 서울에 있는 나에게 편지를 보내 정자의 이름과 시를 보내달라고 하였다. 나는 이곳 영승 마을에 대해 익히 들었는지라, 한 번 가 보려 하였지만 뜻을 이루지 못한 지가 벌써 10년이나 되었다. 돌아보건대 시골에 살면서 즐거워할 수 있는 것이 한 가지가 아니지만, 여러 사람들과 함께 즐거워할 수 있는 것을 구하되 혼자서도 즐거워할 수 있는 것으로는, 오직 농사짓고 누에 치고 물고기 잡고 나무하는 네 가지가 즐거워할 만한 것이 된다. 그러므로 정자의 이름을 사락정이라 하였다. 그리고 시를 지어 보낸다.[3)]

이황이 사락정이라 이름을 붙인 것은 이 마을이 네 가지 즐거움을 누릴 만한 곳이라고 생각해서였다. 그 네 가지 즐거움은 농사를 지어 곡식을 생산하는 즐거움, 누에를 쳐 옷감을 짜는 즐거움, 시내에서 물고기를 잡을 수 있는 즐거움, 힘들이지 않고 나무를 할 수 있는 즐거움이다. 이

• 지금 영승 마을에는 이요당二樂堂이라는 한옥이 있는데, 그 안내 표지판에는 이황이 전철全轍에게 지어준 호가 사락四樂이라 하고 있다.

는 전원생활의 즐거움을 말한 것으로, 이 마을이 이 네 가지를 누릴 만한 길지라는 뜻이다.

이황은 1543년에 이 마을에 와서 사락정에 올라 아래와 같은 시를 지었다.

영승 마을 안에는 이른 봄이 찾아와,
매화와 버들이 벌써 봄빛을 다투네.
봄바람 불 징조는 나무 끝에 먼저 나타나고,
기러기 떼 북녘으로 돌아가려 물가에 나왔네.
달 비친 못에서 달을 희롱하던 이 누구인가,
나는 구름 속에서 시를 지어 보낸 사람일세.
술통 앞에서 사헌부의 일은 말하지 마시게,
시골 정취 한껏 좋아 평소의 진심 상쾌하니.

迎勝村中迎早春　眼中梅柳已爭新
東風欲動先林杪　北雁將歸且水濱
誰作月潭揮弄客　我曾雲構寄題人
尊前莫說霜臺事　野趣方欣愜素眞[4]

지금은 영승 마을 입구에 사락정만 남아 있는데, 기둥에는 다음과 같은 시가 걸려 있다.

고향 마을 고목들 세월도 오래되었는데,
사락정의 꽃나무는 봄바람을 끌어들이네.

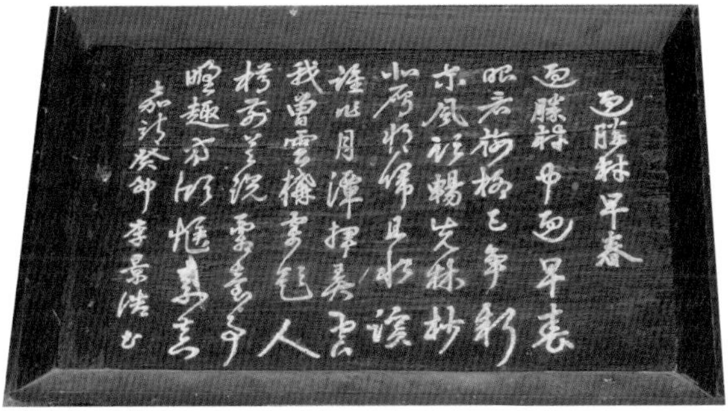

이황의 시「영승촌조춘迎勝村早春」 ©유근종

퇴계 선생 남긴 시와 글씨 향기 남아 있어,
아침저녁으로 올라도 느낌이 끝이 없네.

故里梓桑深歲月 別園花樹引春風
退陶詩墨遺芳在 昕夕登臨感不窮

이 시에서 느낄 수 있듯이, 이황이 정자의 이름을 짓고 시와 글씨를 남겨 사락정은 후대 선현의 향기가 남아 있는 명승지로 알려지게 되었다. 원학동을 찾는 이들은 영승 마을 앞의 사락정에 들러 네 가지 즐거움을 음미하면 더없이 좋을 것이다. 특히 도시에서 각박하게 살아가는 사람들이 이 사락정에서 농사짓고 길쌈하고 나무하고 천렵하며 걱정 없이 살아가는 것이 진정으로 행복한 삶임을 느낀다면 그보다 좋은 여행이 없으리라. 또 이황이 '시골 정취 한껏 좋아 평소의 진심 상쾌하네.'라고 한 시구를 음미한다면, 이보다 더 좋은 일이 어디 있겠는가. 사락정 안에는

사락정 전경. ©유근종

이황의 시를 비롯한 여러 편의 차운시가 걸려 있다. 다만 문을 걸어 놓아 마음대로 들어가 구경할 수 없는 것이 안타깝다. 야박한 세속 때문일까. 나그네가 지나가다 잠시 쉬면서 사락정의 의미를 알고 가게 하면 더없이 좋으련만.

사락정 앞의 시냇가에는 영승암迎勝巖과 농월담弄月潭이 있었으며, 바위에 각자도 있었다고 한다. 그런데 지금은 모두 확인할 수 없다.

장풍촌長風村

원학동 안쪽 관문 진동암鎭洞巖

영승 마을 입구에서 37번 국도를 따라 올라가 장풍 삼거리에서 왼쪽 위천면으로 향하다보면, 시냇가 솔숲에 우뚝 솟은 진동암이 보인다. 영승 마을 앞의 영승암이 원학동 입구라면, 진동암은 원학동을 진압하는 안쪽 관문과 같기 때문에 원학동의 실질적인 동구에 해당한다. 진동암은 이름 그대로 '원학동을 진압하는 바위'라는 뜻이다. 진동암은 양쪽 산자락 사이로 흘러내리는 시냇가에 위치하여 동천을 수호하는 위용이 있다. 진동암에 '원학동猿鶴洞'이라는 각자가 있는데, 바로 이 바위가 원학동의 동구임을 말해 준다.

진동암에는 조선 전기 수오재守吾齋 조학趙謔, 1488-1566이 노닐던 곳이라는 뜻의 '수오재조선생유영지소守吾齋趙先生游泳之所'라는 각자가 있다. 조학은 조광조의 문인이며 기묘사화 이후 원학동에 은거한 인물로 원학

진동암 「수오재조선생유영지소」 각자. ©김종길

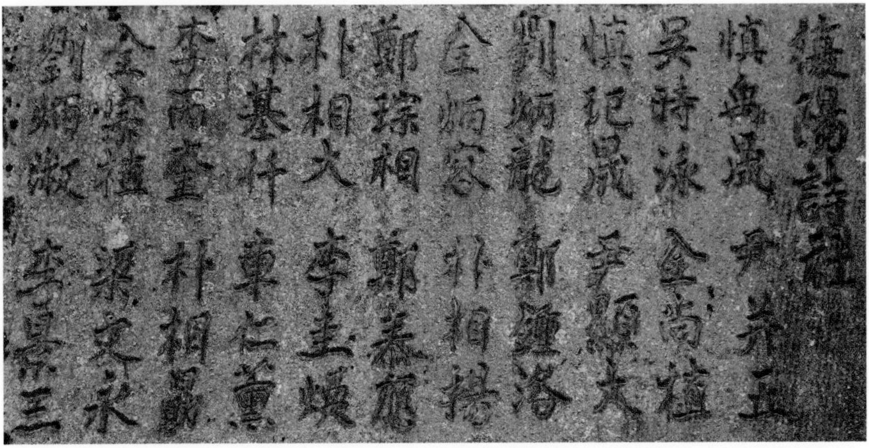

진동암 「복양시사」 회원 각자. ©김종길

동의 이미지와 아주 잘 어울린다.

또 1904년에 새긴 것으로 추정되는 복양시사復陽詩社 회원 22인의 명단이 새겨져 있다. 시를 짓는 사람들이 이 진동암에 모여 시회를 연 것을 알 수 있다.

진동암을 노래한 시로는 송호문宋鎬文, 1862-1907이 지은 아래와 같은 시가 있다.

북두처럼 우뚝 솟은 바위 고송을 이고 있고,
소반 가득한 음식처럼 붉은 낙타 같은 봉우리.
조물주가 이미 경륜의 솜씨를 시험하고 나서,
일부러 평평한 들에 괴이한 모양을 만들었네.

斗起危巖戴古松 滿盤飣餖紫駝峯
化翁已試經綸手 故向平郊設怪容[5)]

송호문은 거창에 살던 윤주하尹胄夏, 1846~1906의 문인이다. 이 시는 짧지만 진동암의 모습을 매우 사실적으로 잘 표현하고 있다. 진동암의 특징은 들판 시냇가에 우뚝 서 있는 점과 바위와 고송이 잘 어우러진 모습이다. 평평한 들녘, 멀리서 흘러오는 시내, 우뚝한 바위, 그리고 그 위에 난 소나무. 이는 아름다운 한 폭의 산수화와 다를 바 없다.

진동암은 시냇가에 서 있는 우뚝한 바위로 무릉도원으로 들어가는 관문 같은 역할을 하고 있다. 안쪽의 평평한 들판, 덕유산에서 길이 흘러내리는 맑은 시내, 그 앞에 우뚝 선 바위, 그리고 그 바위 위에 서 있는 늘 푸른 소나무. 이는 속세와 선을 긋는 사찰의 일주문처럼 속세와 선계를 구별하는 관문으로서의 청정한 이미지를 한껏 보여 준다.

하염없이 바람을 맞으며 가는 길, 장풍로長風路

진동암 옆 시내를 따라 형성된 길을 장풍로라 한다. 장풍로는 덕유산에

진동암에서 바라본 원학동 원경. ©유근종

서 불어오는 바람이 끝없이 이어진다는 뜻이다. 기다란 시내가 장풍교 아래로 흘러간다.

원학동에 살던 정온은 이 길을 걸어가면서 다음과 같이 노래했다.

겨울비 부슬부슬 저녁나절 뿌리는데,
앞산의 운무 마을 연기와 접해 있네.
어부는 도롱이가 젖는 줄도 모르고,
한가히 갈대꽃 곁에서 백로와 졸고 있네.

凍雨霏霏灑晚天 前山雲霧接村煙
漁翁不識蓑衣濕 閑傍蘆花共鷺眠[6)]

장풍숲. ©유근종

신선세계 입구는 흔히 구름이 드리워 속세와 단절된 모습으로 나타나는데, 작자는 그런 분위기를 묘하게 그려 내고 있다. 운무와 저녁연기가 접해 있는 모습은 매우 한가롭고 평온한 시골풍경이다. 어부는 도롱이가 젖는 줄도 모른 채 졸고 있으며, 그 옆에는 하얀 갈대꽃 속에 백로가 따라 졸고 있다. 어부와 백로 모두 신선세계에서 여유롭게 살아가는 신선의 모습이다.

장풍로에는 장풍숲이 있고, 장풍교가 있고, 장풍 마을이 있다. 이 장풍로가 덕유산 깊숙한 골짜기에서 불어오는 그 시원한 바람을 쏘이며 저녁나절 지는 해를 벗 삼아 느릿느릿 걸어가는 길로 거듭날 수는 없는 것일까? 요즘 전국적으로 관광객을 유치하기 위해 길을 만드는 데 열을 올리고 있다. 그런데 왜 바람을 맞으며 무릉도원으로 가는 길은 없는 것일까? 문득 어느 가수가 부른 「길」이라는 노래에 '내가 가고 있는 이 길이 어디로 가는지, 알 수 없지만, 알 수 없지만'이라고 한 구절이 귓전에 들린다. 바람이 불고 부슬비가 내리는 봄날, 이 「길」이라는 노래를 부르며 장풍로를 걷고 싶다.

분명한 것은 하염없이 불어오는 바람을 맞으며 무릉도원으로 들어가는 길은 알 수 없는 길이 아니다. 나를 찾으러 가는 길이고, 속세에 물든 때를 씻으러 가는 길이다. 그래서 저 덕스럽고 넉넉한 품을 지닌 덕유산에서 하염없이 불어오는 바람을 맞으며 때 묻은 마음을 씻어 낼 수 있는 길이다.

구연동龜淵洞

구연동은 거창군 위천면 소재지 일대를 가리킨다. 수승대 옆의 못을 구연龜淵이라 하여, 이 일대를 구연동이라 부르게 되었다. 이곳은 북상면에서 내려오는 시내와 금원산에서 발원한 산상천이 합류하는 지점으로, 척수암·수승대와 동계 고택이 있다.

위천면 보건지소 옆 사거리에서 서쪽으로 다리를 건너면 강동 마을이 나오는데, 그 동네 야트막한 산사락 밑에 동계 정온의 고택이 있다. 척수암은 보건지소 옆 사거리에서 북쪽으로 조금 위 시냇가에 있다. 그리고 수승대 건너편에는 신권愼權이 노닐던 요수정樂水亭이 있고, 수승대 입구에는 신권의 후손들이 신권·성팽년·신수이를 제향하기 위해 세운 구연서원龜淵書院이 있으며, 구연서원의 문루가 관수루觀水樓이다.

정온에게 내린 정려문. ©김종길

동계桐溪 정온鄭蘊의 고택

위천면 소재지 강동 마을에는 동계 정온의 고택이 있다. 동계 고택은 원학동의 주요 탐방지에 속한다. 동계 고택에는 솟을대문에 붉은 글씨로 '문간공 동계 정온지문文簡公桐溪鄭蘊之門'이라고 쓴 정려가 있다. 정온은 영창대군의 처형을 반대하여 충절을 보였고, 병자호란 때 청나라와의 화친을 반대하여 절의를 드러낸 인물인데, 인조가 그의 충절을 기려 정려를 내렸다.

정온은 조식曺植의 문인인 정인홍鄭仁弘에게 수학하였으며, 1610년에 문과에 급제하여 벼슬길에 나갔다. 1614년에 영창대군을 죽인 정항鄭沆

의 처형을 청하는 갑인봉사를 올렸다가 제주 대정현으로 귀양을 가 약 10년 동안 유배생활을 하였다. 인조가 즉위한 뒤 유배에서 풀려났고, 다시 등용되어 관찰사 등을 지냈다. 1636년에 병자호란이 일어났을 때 왕을 호종하여 남한산성으로 들어갔다. 정온은 화친에 반대하였는데, 항복하기로 조정의 논의가 결정되자 자결을 시도하였다. 가까스로 소생한 뒤에는 벼슬을 사양하고 고향으로 돌아와 집 근처의 모리에 은거하였다. 후대 정온은 절의를 지킨 상징적인 인물로 인식되었고, 원학동은 그가 절의를 지킨 곳으로 이름이 나게 되었다.

동계 고택에 들어서면 사랑채가 정면에 있는데, 중앙에 충신당忠信堂이라는 당호가 걸려 있으며, 왼쪽에 모와某窩·학암鶴庵이라 쓴 현판이 차례로 걸려 있다. 모와라는 현판은 정온이 병자호란 이후 모리某里에 은거하여 대명의리大明義理를 지켰기 때문에 붙여진 이름이다.

대명의리란 명나라에 대해 의리를 지켰다는 뜻이다. 요즘 사람들의 생각으로는 모화사상이 아니냐고 반문할 수 있다. 그러나 냉철히 생각해 보자. 명나라는 조선이 망하는 것을 구원해 준 나라이고, 국제관계의 논리로 보면 당시 동아시아의 최대 강국이었다. 반면 청나라는 만주족이 세운 국가로 조선의 입장에서 보면 미개한 문화를 가진 오랑캐였다. 이런 청나라가 세계를 제패하였을 때, 그들에게 얼른 붙어 이익을 추구하는 것이 합당한 일일까? 특히 문명국인 조선의 입장에서는 자존심과 직결된 문제였다. 더구나 인륜의 도리를 중시한 조선 지식인들의 입장에서는 죽더라도 굽힐 수 없는 양심과 정의의 문제였다.

동계 정온 고택. ©김종길

의리는 올바른 이치를 말한다. 이것을 사회에 실현하는 것이 정의다. 전통사회에서는 물론 지금도 정의로운 사회를 건설하는 것이 지상의 과제이다. 이런 생각을 해 보면, 물리적으로는 힘이 강한 청나라에 굴복할 수밖에 없는 상황이지만, 정신적으로는 절대 굽힐 수 없는 지조와 절개를 곧추세우는 것이 의미 없는 일일까? 이는 지식인들이 해야 할 일이다. 당대 지식인들이 이런 일을 하지 않으면 그 정신이 사라져 모두 세속적 이익만을 좇게 된다. 그러니 정온이 보여 준 의리정신은 곧 현실에 대한 저항이고, 후세에 정의를 일깨워 준 의미 있는 일이 아니겠는가.

근심을 씻어 내는 척수암滌愁巖

척수암은 신권愼權의 유허지이다. 척수암은 후대 신씨의 소유물이 되었지만 신권 이전부터 척수암이라는 명칭이 있었고, 또 사람들이 쉬어 가며 근심을 풀던 곳이었다. 신권보다 앞 시대의 사람인 홍언필洪彦弼, 1476-1549은 척수암에서 다음과 같이 읊었다.

하얀 바위들은 모래와 자갈 위로 솟아 있고,
푸른 소나무는 옥구슬 같은 냇물 굽어 보네.
삼청의 신선세계• 모두 지극히 아름다우니,
번뇌와 근심을 모두 씻어 버릴 수 있으리라.

白石峙沙磧　蒼松俯玉流
三淸俱絶美　可以滌煩愁[7)]

홍언필은 조광조의 외사촌 형으로 영의정까지 지낸 인물인데, 1525년 예문관 제학으로 있을 때 이 시를 지었다. 시인은 척수암에 올라 자신의 근심과 번뇌를 모두 씻어 버리기를 원하고 있다. 이처럼 척수암은 예전부터 우울한 근심을 씻어 내는 장소였다.

원학동에 살던 성팽년成彭年은 척수대를 다음과 같이 노래했다.

백옥 같은 척수대 주위엔 푸른 물이 흐르고,
작은 선계 소나무 대나무 사이로 보일락 말락.

• 삼청三淸의 신선세계

도가에서 말하는 玉淸天·上淸天·太淸天의 세계를 말함.

반백 노인이 이곳에 와 시 한 수를 읊조리며,
인간 세상 만 섬의 근심을 모두 씻어 낸다네. .

白玉臺環碧水流 松篁掩暎小丹邱
登臨半白高吟罷 滌盡人間萬斛愁[8)]

척수대와 수송대는 원래 떠나가는 이를 보내는 이별의 장소였지만, 조선 시대 이곳을 찾는 이들에게는 이별의 근심이 아니라, 자기 내면의 근심을 씻어 내는 장소였다. 일상에서 쌓인 가슴속의 티끌을 모두 씻어 내고 하루쯤 신선이 되기를 바라는 마음은 누구나 마찬가지일 것이다. 그런데 이곳의 명칭이 수심을 씻어 내는 곳이고, 또 경관이 절로 마음을 상쾌하게 하니, 근심을 풀어 버리기에 제격인 장소이다. 성팽년처럼 이 척수대에 올라 온갖 근심을 털어 내면 절로 힐링이 되지 않을까.

구한말의 이건창도 원학동을 유람하면서 척수대에 올라 아래와 같은 시를 지었다.

못 속의 구름 그림자 몇 해를 보냈던가,
계림의 서북쪽 길 아득히 멀기도 하네.
가련타 수송대 앞으로 흐르는 시냇물이여,
떠나는 이 보내자마자 바로 근심 씻는구나

潭影雲光度幾秋 鷄林西北路悠悠
可憐愁送臺前水 纔送行人便滌愁[9)]

척수암. ©유근종

시인은 수송대 밑에 척수대가 있는 것을 염두에 두고서, '수송대에서 행인을 떠나보내는 근심이 깊었는데 그 근심을 이 척수대에서 씻는다.'라는 의미로 이 시를 지었다. 지명의 의미를 재미나게 해석한 시이다. 사랑하는 이를 이별하고 돌아서는 자리의 그 쓰라린 마음을 이 척수대에서 씻어 내고 길을 떠나다니. 고인의 멋스러움이 새삼 가슴 뭉클하게 다가온다.

지금 척수암은 옆으로 좁은 차도가 나 있어 찾아가기가 쉽지 않다. 우회도로를 내든지, 아니면 수승대 주차장에서 편안히 걸어갈 수 있는 인도를 내야 한다. 우리는 경제개발의 논리에 익숙하여 차도는 만들지만 인도를 만들 생각은 하지 않는다. 지금도 여전히 척수대까지 걸어서 편안히 갈 수 있는 길이 없다. 인도를 만들어 사람들이 걸어가게 해야 인간의 길을 되찾을 수 있다. 인도가 있어야 이 좋은 명승에서 가슴속의 묵은 때를 씻는 이들이 있을 것이고, 새로운 시와 그림을 창작하는 이들이 있을 것이다. 더구나 수송대가 수승대로 개명되었으니, 척수대만이 수심을 씻을 수 있는 곳인데, 가는 길이 없으니 답답하기만 하다.

이 세상에 근심이 없는 사람이 어디 있겠는가. 그런데 그런 근심을 씻어 낼 장소는 그렇게 많지 않다. 이 척수암은 그 어느 곳보다 수심을 씻기에 좋은 곳이다. 경관이 그럴 뿐만 아니라, 오랜 역사와 문화가 깃들어 있어 더욱 좋다. 그러니 사람들이 찾아와 수심을 씻을 수 있도록 인도를 만들어야 하고, 역사와 문화를 알 수 있도록 안내표지판과 선인들의 시를 번역한 시판을 세워야 한다.

구연서원龜淵書院과 요수정樂水亭

구연서원

수승대 입구에 구연서원이 있는데, 신권愼權·성팽년成彭年·신수이愼守彛를 제향하고 있다. 구연서원은 1694년에 구연재龜淵齋를 서원으로 승격한 것이며, 관수루는 1740년에 창건한 건물이다.

구연서원에는 송치규宋穉圭, 1759-1838가 지은 「구연서원사적비龜淵書院事蹟碑」가 있어 그 연혁을 상세히 알 수 있다.

구연서원. ©김종길

안의는 산수가 아름다운 고장이다. 대체로 이곳에서 유명한 인물들이 많이 배출되었으니, 어찌 산천의 맑은 기운이 모여 있는 곳이 아니겠는가? 안의현 북쪽 40리 지경에 있는 원학동에 수승대가 있다. 그리고 내 곁에 구연서원이 있다. 이 서원의 사당에 위패를 봉안하고 본보기로 삼은 분은 이 고을의 세 현인이다. 요수樂水 신선생愼先生은 이름이 권權이고, 자는 언중彦中이다. 석곡石谷 성선생成先生은 이름이 팽년彭年이고, 자는 이옹頤翁이다. 황고선생黃皐先生은 이름이 수이守彝이고, 자는 군서君敍인데 요수선생의 5세손이다. 이 세 현인은 모두 빼어난 자질로 효성과 우애를 돈독히 하며 옛날의 도를 배웠다.[11]

송치규는 신권에 대해 벼슬길에 나아가는 것보다는 하늘이 부여해 준 본성을 닦았다는 점을, 성팽년에 대해 만년에 벼슬을 버리고 돌아와 부모를 봉양하며 독서한 점을, 신수이에 대해 선대의 자취를 계승하여 자신을 엄히 다스리고 학문을 강구한 점을 특징으로 거론하였다. 그러고서 이 세 사람은 효성과 우애를 돈독히 하며 옛날의 도를 배운 사람이므로 서원에 향사하는 것이라고 논평하였다.

조선 시대 구연서원에 임훈과 정온을 제향하지 않은 것이 못내 아쉽다. 이 지역의 선현으로 임훈과 정온을 제향하지 않으면 누구를 제향하겠는가. 서원은 본디 지역의 명현을 제향하기 위해 세워지는 것인데, 원학동에 있는 서원에 원학동의 선비를 상징하는 임훈과 정온은 제외되었으니 안타깝기 그지없다.

관수루觀水樓에서 물을 보다

구연서원에서 꼭 빠뜨리지 말고 보아야 할 곳이 바로 관수루이다. 관수루는 그 명칭도 아름답지만 자연석과도 잘 어우러진 아름다운 건축물이다. 게다가 그 기둥이 굽은 등나무로 되어 있어 자연미가 빼어나다. 관수루에 올라 관수루라는 명칭의 의미와 건축물의 아름다움과 그리고 흐르는 시내를 보며 세상의 이치를 생각한다면 그보다 더 값진 여행은 없으리라.

관수루는 구연서원의 문루이다. 이 명칭은 『맹자』의 "물을 보는 데 방법이 있으니, 반드시 그 물결을 보아야 한다.[觀水有術 必觀其瀾]"라는 문

구연서원 관수루. ©김종길

구에서 취한 것이다. 공자는 흘러가는 물을 보고서 "흘러가는 것은 이와 같구나. 밤낮으로 쉬지 않고 흐르는구나.[逝者如斯夫 不舍晝夜]"라고 하여, 물이 불철주야 쉬지 않고 흘러가는 이치에 주목하였다. 그리고 맹자는 이를 해석하여 "근원이 있는 물은 쉬지 않고 솟아나, 밤낮으로 그치지 않고 흘러서, 웅덩이를 채운 뒤에 나아가 바다에 이른다. 근본이 있는 것은 이와 같으니, 공자께서는 이 점을 취하신 것이다."라고 하였다.

이것이 물을 보는 방법이다. 눈앞에 흘러가는 시냇물을 보면서 그 근원을 생각하고, 그 이치를 생각하여 본말을 이해하는 것이 물을 보는 방법이다. 이는 어떤 일이든 감각기관으로 지각하고 인식하는 데서 머물지 말고, 그 근원을 살피고 그 이치를 살펴 본말을 꿰뚫어 보라는 말씀이다. 조선 시대 유학자들은 시냇물을 자연의 현상으로만 보지 않고, 그 속에서 천리天理를 읽어 내려 하였다. 관수루는 흘러가는 냇물을 보면서 자연의 이치를 인지하고 세상사의 근원을 되돌아보는 장소이다. 그래서 물을 보는 것은 현상을 넘어 그 본원을 본다는 깊은 뜻이 들어 있다. 우리는 본원을 살피지 못하고 늘 현상에 매달려 아옹다옹하고 있지 않는가. 본원을 보면 아집에서 벗어날 수 있는데.

관수루의 주인 신수이愼守彛는 관수루를 다음과 같이 읊었다.

구연서원의 연원은 수사洙泗의 물가에 닿아,
활발한 맑은 시내 서원의 뜰을 돌아 흐르네.
끝없이 흘러오니 근본이 있음을 알겠고,
유유히 흘러가 스스로 정체함이 없네.
웅덩이를 채운 뒤 흐르니 천 굽이를 꺼리랴,
용감히 나아가 끝내는 큰 바다에 이르리.
관수루라는 이름 참으로 의미가 심장하니,
형체 있음을 보는 곳에서 형체 없음을 깨닫네.

龜淵源接泗洙汀　活潑淸流繞廟庭
混混續來知有本　悠悠過去自無停
盈科豈憚經千曲　勇進終能達四溟
觀水名樓誠有意　有形觀處覺無形[10)]

신수이는 공자·맹자의 말씀을 통해 관수루의 의미를 드러내면서, 구연서원의 연원을 공자로부터 흘러내려온 것으로 설정하였다. '수사洙泗'는 공자가 살던 중국 노나라의 수수洙水와 사수泗水를 말한다. 시인은 마지막 구에서 '형체가 있음을 보는 곳에서 형체 없음을 깨닫네.'라고 노래했으니, 바로 흘러가는 물을 보고 그 이면에 내재한 이치를 깨닫는다는 말이다. 이것이 바로 눈으로 현상을 보고 그 내면의 이치까지 살피는 방법이다.

안의현감을 지낸 조영석趙榮祏도 관수루를 노래한 시를 남겼다.

현송絃誦하는 학궁 두약초杜若草 무성한 물가에 있고,
기다란 시내는 띠처럼 서원의 주위를 빙 둘러 흐르네.
참된 근원 넓고 넓으니 쌓인 것 많은 줄 알겠고,
맑은 물결은 부단히 흘러 잠시도 머물지 않도다.
비 그치면 봇도랑의 물처럼 고이려고도 하지만,
끝내 밤낮으로 쉼 없이 흘러 바다에 도달하네.
여러분들 도를 배울 적에는 깊고 넓게 하시게,
형체 있음을 보고서 형체 없음을 알려 하시게.

絃誦儒宮杜若汀 長川如帶繞階庭
眞源浩浩知多積 淸派悠悠不暫停
肯逐雨晴似溝澮 終兼晝夜到滄溟
請君學道須淵博 欲識無形見有形[11]

'두약초杜若草'는 향기로운 풀의 이름이다. 이 시는 공자·맹자의 물 보는 방법을 바탕에 깔고 있다. 시를 짓는 장소의 명칭이 관수루이기 때문에 그런 발상을 자연스럽게 한 것이다. 조영석도 형체가 있는 것을 보고서 형체가 없는 것을 알려고 해야 참된 공부가 된다는 점을 말하고 있다. 눈에 보이는 현상, 그 너머의 원리를 보라는 것이다.

은자가 유유자적하던 요수정樂水亭

구연서원 건너편 시냇가 언덕에는 신권이 노닐던 요수정이 있다. 요수정은 공자가 "지혜로운 자는 물을 좋아한다.[智者樂水]"라고 한 문구에서 취한 것이다. 공자는 산수를 보고 그 본질을 읽어 내 인간의 보편적 덕인 인仁·지智를 천명한 분이다. 그래서 예전 사람들은 산수 유람을 인仁·지智를 즐기기 위한 여행으로 생각해 인지지락仁智之樂이라 하였다.

그런데 우리는 어떤가? 경치 좋은 곳에 가면 그저 감탄사를 연발하고 사진을 찍는 데 열중하고 있을 뿐이다. 이제 다시 본질과 근본을 생각할 때가 되었다. 우리 사회는 근본이 없어지고 오로지 개인의 이익만을 생각하고 있다. 맹자가 양혜왕梁惠王에게 "왕께서는 어찌 굳이 이익만을 말씀하신단 말입니까?[何必曰利]"라고 한 말의 심장한 의미를 다시 돌아보지 않으면 안 되는 시점이 되었다. 모든 사람이 이익만을 추구하고 정의를 외면하는 사회는 결코 희망이 없기 때문이다. 세월호 사건이 일어난 본질은 바로 이익만을 생각하고 정의를 생각하지 않았기 때문에 나타난 사회적 병리현상인 것이다.

구연서원에서 본 요수정. ©김종길

조선 후기 이곳을 유람한 조수삼趙秀三은 요수정에서 아래와 같은 시를 읊었다.

머리 위의 밝은 달을 잠시 쳐다보는데,
누각 그림자 시내를 지나 길게 뻗혔네.
여러 골짜기는 허공의 소리를 머금었고,
우뚝한 소나무 고원한 빛을 토하고 있네.
기녀의 노래 은자 사는 초수楚水까지 들리고,
술자리에는 교자상이 성대하게 벌여 있구나.
오늘 저녁 이 맑은 유람 영원하리니,
부디 갈 길이 바쁘다고 말하지 마오.

漸看明月上　樓影過溪長
衆竅含虛籟　高松吐遠光
妓歌凝楚水　酒座列胡床
永此淸遊夕　休言道路忙[13]

'초수楚水'는 중국 섬서성 상현商縣에 있는 강 이름으로 그 근처에 한漢나라 때 은자 상산사호商山四皓의 사당이 있다고 하는데, 이 시에서는 은자가 사는 곳을 상징하는 의미로 쓰였다. 즉 요수정이 바로 은자가 유유자적하며 지내는 곳임을 드러낸 것이다. 골짜기가 허공의 소리를 머금고, 노송이 고원한 빛을 토하는 곳에서 은자의 정신이 한 점 티끌도 없는 하늘에 닿아 있다. 은자가 추구하는 것은 이익이 아니다. 그러니 물을 보고서 우리 마음의 본원을 생각하여 이익을 탐하지 않고 의리와 정의를 사랑하는 것이 지혜가 아니겠는가.

수승대 주변의 명소들

『구연서원지』에는 수승대 주변의 빼어난 경관 '구연동19경'을 정해 놓았는데, 그중에 몇 곳을 둘러보기로 한다. 수승대 거북바위 머리 밑에는 여러 사람이 앉을 수 있는 넓은 공간이 있는데, 이를 연하굴煙霞窟이라 한다. 이 연하굴 안에 있는 술동이처럼 생긴 웅덩이를 장주갑藏酒岬이라 하며, 그 앞에 있는 넓은 반석을 반타석盤陀石이라 한다. 거북바위와 요수정樂水亭 사이의 못 속에는 금빛으로 반짝이는 큰 바위가 있는데, 이를 용의 날개처럼 생겼다고 하여 용우암龍羽巖이라 한다. 또 못 속 깊은 곳을 자라가 사는 굴이라는 뜻으로 원타굴黿鼉窟이라 한다.

거북바위 위쪽의 하얀 반석 위에는 두 물줄기가 뱀처럼 길게 흘러내리는데, 이를 사담蛇潭이라 한다. 두 물줄기 가운데 한쪽 물줄기에는 벼루에 먹을 갈아 놓은 듯 물이 고인 곳이 있는데, 이를 연반석硯盤石이라 한다. 그 옆면에 '연반석'이라는 각자가 있다. 그리고 그 물줄기 중간쯤에 '붓을 씻는 곳'이라는 의미의 '세필짐洗筆㴨'이라는 각자가 있다. 또 하나의 물줄기가 너럭바위 사이로 흐르다가 항아리처럼 움푹 파인 웅덩이를 지나 하얀 물결을 일으키며 떨어지는 작은 폭포가 있는데, 이를 구룡폭

「세필짐」 각자. ©거창박물관

수승대 연하굴. ©유근종

九龍瀑이라 한다. 구룡폭 위 항아리 모양의 웅덩이를 용반龍盤이라 하는데, 폭포의 물이 불어났을 때 물고기들이 거슬러 오르다가 갇히는 곳으로 유명하다. 그 옆에 놓인 다리를 구연교龜淵橋라 한다.

관수루 서쪽 담장 바위에는 '욕기암浴沂岩'이라는 각자가, 동쪽 바위에는 '풍우대風雩臺'라는 각자가 있다. 그리고 거북바위 옆의 작은 바위에 '영귀정詠歸亭'이라는 각자가 있다. 이는 공자의 제자 증점曾點이 자신의 소원을 "기수沂水에 가서 목욕하고, 무우舞雩에 가서 바람을 쏘이고, 시를 읊조리며 돌아오고자 합니다.[浴乎沂 風乎舞雩 詠而歸]"라고 말한 것에서 취한 것으로, 세상에 나아가 뜻을 펴기보다는 자연과 동화되는 삶을

「영귀정」 각자. ©유근종

「요수신선생장수동」 각자. ©김종길

살겠다는 정신을 드러낸 것이다. 이를 풍영지취風詠之趣라고 하는데, 공자가 요산요수樂山樂水를 말한 인지지락仁智之樂과 함께 자연 속에서 심성을 깨끗이 하며 살고자 하는 지향을 대표하는 문구로, 조선 시대 유학자들이 즐겨 쓰던 말이다.

수승대는 뒤에 신씨의 소유가 되었다. 그래서 신씨는 자신들의 소유임을 드러내기 위해 주변 바위에 '요수음영지대樂水吟詠之臺'·'요수신선생장수동樂水愼先生藏修洞' 등의 각자를 새겨 넣었다.

금원산자연휴양림

위천면 소재지 서쪽에 금원산이 웅장하게 솟아 있는데, 그 계곡에 가섭암지와 문바위가 있다. 지금은 금원산산림자원관리소에서 금원산자연휴양림을 운영하고 있어, 입장료와 주차료를 지불하고 들어가야 한다.

그 안에 문바위와 가섭암지, 마애삼존불상 그리고 유안청폭포가 있다.

매표소에서 조금 올라가면 휴양림관리사무소가 나오며 그 앞에 삼거리가 있다. 이 삼거리에서 오른쪽 길로 올라가면 주차장이 나온다. 주차장에서 10여 분쯤 걸어 오르면 작은 시내 건너편에 우뚝한 문바위가 보이는데, 그 위용이 골짜기 입구를 막고 서 있는 듯하다. 문바위 위에 가섭암지가 있으며, 그 위의 자연 석굴 안에 마애삼존불상이 새겨져 있다.

다시 휴양림관리사무소 삼거리에서 왼쪽으로 한참 올라가면 원숭이를 조각해 놓은 삼거리가 나온다. 삼거리에서 왼쪽으로 올라가면 휴양관이 있고, 오른쪽으로 올라가면 유안청폭포가 나온다.

금원산 전경. ©유근종

문바위. ©김종길

문바위, 가섭암지, 마애삼존불상

문바위는 가섭암의 일주문 역할을 하는데, 일명 호신암護神巖·김달암金達巖·두문암杜門巖·순절암殉節巖·기도암祈禱巖·여의주如意珠 등으로 불린다. 이 문바위에는 마고할멈의 전실도 있다고 하며, 바위 한쪽 면 아래에 자연적으로 석굴이 형성되어 있어 기도처로 안성맞춤이므로 예로부터 토속신앙의 기도처로서 이름이 났다.

호신암이라는 명칭은 문바위가 가섭암의 일주문 역할을 하여 부처를 호위하는 수호신과 같은 의미를 갖기 때문에 붙여진 이름이다.

김달암·두문암·순절암이라는 명칭은 고려 말의 인물 달암達巖 이원달李元達이 불사이군不事二君의 지조를 지키다 순절한 곳이었기 때문에 붙여진 이름이다. 바위에 '달암 이선생 순절동達巖李先生殉節洞'이라는 각자가 새겨져 있다. 이원달은 고려 왕조가 망하자 부인 김씨 및 사위를 데리고 이곳에 들어와 살며 두문동杜門洞이라 하였다. 그리하여 두문동의 입구에 있는 바위라는 뜻으로 두문암이라 하였으며, 부인 김씨와 함께 들어와 살았기 때문에 김달암이라는 명칭이 생겼다고 한다.

문바위는 국내에서 단독 바위로는 제일 큰 바위라고 한다. 바위 모양이 모나지 않고 둥글면서도 엄청난 위용을 자랑하기 때문에 장엄한 느낌을 준다. 또한 그 앞에는 계곡의 시내가 가로질러 흐르고 있어 속세와 법계를 구분하는 느낌을 주며, 길 앞에 우뚝 서서 가로막고 있기 때문에 사천왕상이나 금강역사처럼 호위 신장의 역할을 한다. 가섭암지에서 보면 이 문바위의 상단은 평평한 넓은 너럭바위처럼 보인다.

이 문바위는 지우암知雨巖이라고도 하는데, 비가 올 것을 미리 알려 주는 바위라는 뜻으로 붙여진 이름이다. 비가 올 징조가 있으면 바위 밑의 석굴에 물방울이 맺혀 비가 내릴 것을 미리 알려 준다고 한다. 옛날에는 가뭄이 들면 국가에서 관리를 파견해 이곳에서 기우제를 지냈다고 한다.

구한말 거창에 살던 유학자 곽종석郭鍾錫, 1846-1919은 이 문바위를 다음과 같이 노래했다.

시냇가의 빼어난 바위 신의 솜씨로 다듬은 듯,
바위 위에 난 푸른 소나무 더욱 가련하구나.
소나무들이 높은 곳에서도 서로 의지하고 있기에,
마주 보며 부끄럼 없이 날마다 푸른 자태 띠었네.

瀛濱秀石費神鐫 頂戴寒宋更可憐
爲是高標相倚賴 兩看無愧日蒼然[14)]

소나무는 본디 한 해가 저물어도 시들지 않고 푸른빛을 간직하여 선비들의 변치 않는 지조를 상징한다. 그런데 바위 위에 자생하여 의연한 모습으로 서 있는 소나무는 더욱 불굴의 기상을 보여 준다. 곽종석은 1919년에 파리장서를 보내는 등 국제적으로 독립을 청원하다가 옥고를 치른 뒤 오래지 않아 세상을 뜬 인물이다. 도가 망하고 나라가 망하는 어려운 시대를 산 유학자는 문바위 위에 난 소나무를 보면서 자신이 감당해야 할 지조와 절개를 떠올린 듯하다. 바위 위에서 꿋꿋하게 자라 변치 않는 모습을 보이는 소나무는 곽종석이 감흥을 일으킨 것처럼 우리의 마음가짐을 다시 곧추세우는 표상이 된다.

가섭암은 1770년대까지 있었다고 하는데, 지금은 남아 있지 않다. 대신 그 자리에 암자 같은 집이 한 채 들어서 있다.

가섭암지 위 자연 석굴 안의 암벽에는 보물 제530호로 지정된 마애삼존불상磨崖三尊佛像이 있으며, 그 옆에는 가섭암지마애삼존불상조성기伽葉庵址磨崖三尊佛像造像記가 있는데 마모되어 알아볼 수 없다. 마애삼존불상은 중앙에 아미타여래불, 오른쪽은 관세음보살, 왼쪽은 지장보살로 추정된다. 이 마애불은 1111년에 제작한 것으로 되어 있다.

함양 출신 조위曺偉, 1454-1503는 가섭암을 유람하고 다음과 같은 시를 지었다.

대통에 흐르는 샘물 바위 속에서 나와,
암자 앞에 쏟아지니 서늘하고 맑아라.
산승은 손으로 움켜 마셔 아침 요기를 하는데,
맑고 달아 강왕곡康王谷 물• 보다 훨씬 낫네.

마애삼존불상磨崖三尊佛像

바위면 전체를 배[舟] 모양으로 파서 몸에서 나오는 빛을 형상화한 광배光背를 만들고, 그 안에 삼존불 입상立像을 얕게 새기고 있다. 중앙의 본존불은 얼굴이 비교적 넓적하며, 얼굴에 비하여 작은 눈·코·입, 밋밋하고 긴 귀 등에서 둔중하고 토속적인 인상을 풍긴다. 신체의 표현은 각지게 처리된 어깨, 굴곡 없이 차분한 가슴, 막대 같은 다리와 좌우로 벌린 발 등에서 고려 시대의 형식화된 면이 보인다. 좌우 협시보살은 본존불과 거의 같은 형식으로 조각되었지만, 어깨의 표현이 본존불보다는 부드러운 곡선을 하고 있다. 끝이 날카로워진 연꽃무늬 대좌臺座와 새의 날갯짓처럼 좌우로 뻗친 옷자락 등은 삼국 시대의 양식과 비슷하지만, 형식화되고 도식적인 요소가 보인다. 결국 이 불상은 삼국 시대의 불상의 양식을 계승하면서도 고려적인 요소가 반영된 마애불상임을 알 수 있다.[15]
– 문화재청 홈페이지

• 강왕곡康王谷의 물

강왕곡은 중국 산서성 구강九江 여산廬山에 있는 골짜기 이름이다. 초나라 강왕康王이 이곳에 숨어 강왕곡이라는 이름을 얻었다. 이 골짜기에는 천하제일의 물이 있다. 다성茶聖으로 일컬어지는 육우陸羽의 시에 "천길 바위에서 쏟아져 내려, 구강의 배를 타고 가네[瀉從千仞石 寄逐九江船]"라는 구절이 있다.

가섭암지 마애삼존불상. ©거창군청

길손이 오면 중을 불러 차를 달여 마시는데,
성한 불의 풍로 위엔 하얀 물거품 솟구치네.
누가 이 물 세 사발을 노동盧仝•에게 부칠 것이며,
다시 이 명품을 가져다가 육우陸羽•에게 자랑할까.
나는 평생 몇 말의 먼지를 먹었던가,
폐는 시들고 입술은 말라 윤기가 없네.
꽃무늬 잔에 맑은 찻물 흔쾌히 기울이자,
문득 육근六根•이 청신해짐을 절로 느끼네.

連筒泉水出嵒腹　來瀉庵前寒更淥
山僧掬飮慰朝飢　淸甘遠勝康王谷
客至呼僧烹日注　活火風爐翻雪乳
誰持三椀寄盧仝　更將絶品誇陸羽
平生厭食幾斗塵　肺枯吻渴無由津
花甌快傾如卷雪　頓覺六用俱淸新[16]

• 노동盧仝, 796-835

당나라 때 다인茶人으로 유명한 인물임. 소실산少室山에 은거하여 옥천자玉川子라 자호하였으며, 한유韓愈가 하남령河南令으로 있을 때 후하게 대접했다. 차 마시는 것을 좋아하여 「다가茶歌」를 지었는데, 기이한 경구가 많았다.

• 육우陸羽, 733-804

당나라 때 사람으로, 자는 홍점鴻漸, 호는 경릉자竟陵子이다. 고조古調의 시가를 잘 지었으며 해학을 좋아하였다. 다도에 정통하여 다신·다성·다선 등으로 불린다. 저술로 『다경』이 있다.

• 육근六根

불교에서 말하는 안眼·이耳·비鼻·설舌·신身·의意의 여섯 감각기관을 말함. 여기에서 육식六識이 나옴.

조위는 김종직金宗直에게 수학하고 문과에 급제하여 호조 참판 등을 지낸 사림파의 일원으로 시에 뛰어났다. 그는 바위틈에서 흘러나오는 물이 천하제일의 물로 이름난 중국 강왕곡의 물보다 낫다고 하며, 차의 대가들에게 이 물맛을 보이고 싶다는 자랑을 하고 있다. 이곳은 경관이 깨끗하여 청정구역임을 절로 느낄 수 있는데, 그중에서도 사철 흘러내리는 맑고 시원한 냇물이 일품이다. 이곳에서 이 청량수를 한 바가지 들이키고 청정한 산 속에서 세속에 찌든 때를 씻고 흉금을 상쾌하게 한다면, 참다운 힐링을 맛볼 수 있을 것이다.

유안청폭포儒案廳瀑布

유안청폭포의 원래 이름은 가섭동폭포였다. 인근에 가섭암이 있었기 때문에 붙여진 이름이다. 그런데 조선 시대에는 고을 유생들이 공부하는 유안청儒案廳이 이곳에 세워져 이 폭포는 유안청폭포로 불리게 되었다. 일설에는 거창 유씨居昌劉氏가 처음 터를 잡았던 곳이라고 하여 유안청이라고 불리게 되었다고도 한다.

유안청폭포는 제1폭포와 제2폭포가 있다. 상류의 폭포가 제1폭포이고, 하류에 있는 것이 제2폭포이다. 이곳은 여름에도 냇물에 발을 담그고 있을 수 없을 정도로 물이 차다. 이태가 쓴 소설 『남부군』에 의하면, 빨치산 500여 명이 이곳에서 목욕을 하였다고 하였다.

김윤겸, 「가섭동폭」, 동아대학교박물관 소장.

유안청폭포는 숲 속의 청정한 폭포다. 폭포수가 요란하게 쏟아져 내리지 않고 물줄기가 부드럽게 흘러내린다. 특히 제2폭포는 기다란 물줄기가 비스듬히 경사진 바위 위로 흘러내리는데, 그 부드러운 곡선이 물줄기와 어우러져 일품이다.

유안청폭포는 점잖은 유생을 닮았다. 온화한 성품을 드러내 보이는 듯하기도 하고, 자상한 말씀을 들려주는 듯하기도 하다. 옥구슬처럼 하얀 물방울이 세차게 쏟아져 내리는 폭포는 성대한 기상이 장관이지만, 바위의 하얀 속살을 어루만지기라도 하듯 간질이며 흘러내리는 폭포는 여인의 치맛자락처럼 마냥 부드럽다. 그래서 유안청폭포에 가면 몸과 마음을 수양한 온유돈후溫柔敦厚한 유학자를 만난 것처럼 온화함을 느낀다.

갈천동葛川洞

갈천동 초입의 용암정龍巖亭

수승대에서 북상면으로 올라가다 보면 오른쪽 길가에 '갈천동문葛川洞門'이라는 표지석이 보인다.

그리고 조금 더 올라가면 왼쪽 시내 건너편에 용암정龍巖亭이 보인다. 이곳은 임훈의 후손 임석형林碩馨, 1751-1816이 노닐던 곳이다. 이 정자는 임석형이 조부와 선친을 따라 노닐던 곳에 세운 정자이다. 용암정에는 1802년 임석형이 지은 「용암정기龍巖亭記」가 있으며, 여러 사람의 차운시가 걸려 있다.

이 정자에는 현판이 네 개나 걸려 있는데, 행서行書로 된 용암정龍巖亭, 전서篆書로 된 반선헌伴仙軒·청원문聽猿門·환학란喚鶴欄이 그것이다. 용암정은 '용암 위의 정자'라는 이름이니, 이 정자의 형세를 잘 드러내 주고 있다. 환학란은 '신선이 학을 부르는 다락'이라는 뜻이고, 청원문은 '서쪽

용암정(국가지정 명승 제88호)의 봄. ©거창군청

금원산의 원숭이 울음소리를 듣는 문'이라는 뜻이며, 반선헌은 '신선과 짝이 되어 노니는 다락'이라는 뜻이다. 한 정자에 사방의 경관을 살려 네 가지 이름을 붙였으니, 정자 주인의 풍류를 한껏 느낄 수 있다. 현판의 글씨도 예술적 조형미가 빼어나 옛 선비들의 미적 감각을 엿볼 수 있다.

용암정의 창건 사실을 알려 주는 「용암정창건기龍巖亭創建記」에는 아래와 같은 내용이 있다.

> 대개 안의삼동은 본래 명승지인데, 그 가운데서 용암이 더욱 빼어나다. -중략- 아, 우리 할아버지께서 일찍이 이곳에 뜻을 두시고서 나를 데리고 봄이 되면 생의를 만끽하기 위해 꽃을 찾고 버드나무 길을 따라 걸으셨다. 우리 아버지께서도 이곳에 마음을 두시고서 나를 데리고 봄가을로 찾아 용암 위에서 소요하셨다. 그러나 할아버지와 마찬가지로 정자를 지으실 겨를이 없었다. 이를 안타깝게 여긴 내가 감히 선조의 뜻을 계승하여 중부·숙부께 말씀드리고, 또 여러 사촌형제들과 마음을 같이하고 힘을 합해서 이곳에 작은 정자 한 채를 지었다. -중략- 이 정자에 올라 여덟 칸 다락을 배회하면서 북쪽으로 바라보면 동천이 그윽하고 깊숙하며, 서쪽으로 향하면 금원산이 깎아지른 듯이 솟아 있으며, 남쪽으로는 깊은 학담이 있으며, 동쪽으로는 흘러가는 물을 보는 방법을 배울 수 있다. 저 낙동강 가에 이름난 정자가 많기는 많지만, 시야가 툭 트여 흉금을 펴는 데서 그칠 뿐이다.[17]

용암정은 자연석을 주춧돌로 삼아 지은 정자로 경관이 빼어난데, 시야가 툭 트여 흉금을 펴기에 그만이다. 그런데다 사방에 산과 물과 못

「용암정」 현판. ©유근종

「반선헌」 현판. ©유근종

과 동천이 있어 학자가 은거하여 공부하다가 휴식하기에 제격이다. 위 인용문 말미에 사방 경관의 특징을 말한 것에서 이 용암정이 단순히 흉금을 상쾌하게 하기에 좋은 곳만이 아님을 알 수 있다.

용암정 주인 임석형은 이곳에서 이 정자의 네 가지 이름을 차례로 읊어 그 의미를 드러냈는데, 그 가운데 첫 번째 용암정을 노래한 시는 아래와 같다.

태곳적 반석 위에 터를 열어 뜰을 삼고,
삼대 동안 경영하여 이 정자를 지었네.
명승의 빼어난 수석 조물주가 만든 것,
별천지의 산수 경치 지형도 신비롭네.
쌍쌍이 날던 백로는 모래톱에 앉아 졸고,
가닥가닥 늘어진 버들 난간 옆에 푸르네.
지금 사람 그 누가 내 마음의 즐거움 알랴,
강산에 높이 누워 제일 관문 걸어 두었네.

太古盤巖闢址庭 經營三世築斯亭
名區水石由天作 別界煙霞秘地形

「청원문」 현판. ©유근종

「환학란」 현판. ©유근종

兩兩飛鷗眠渚白 絲絲叢柳傍欄青
時人誰識余心樂 高臥江山第一扃[18)]

조선 시대 선현들은 공자가 말씀한 '지혜로운 사람은 물을 좋아하고, 어진 사람은 산을 좋아한다.[智者樂水 仁者樂山]'는 말을 단순히 산수를 즐기는 것으로만 이해하지 않고, 산수를 통해 인仁과 지智를 체득하는 것으로 받아들였다. 그래서 선현들은 자연경관을 구경하는 데서 그치지 않고 인지仁智를 체득하기 위한 것으로 보아, 산수 유람을 인지지락仁智之樂이라 하였다. 위의 시 제7구에서 말한 마음속 즐거움은 산수의 아름다운 경치를 즐기는 것이 아니라, 바로 이 인지지락을 말하는 것이다.

용암정에 가면 현판에 걸린 이 정자의 네 가지 이름을 음미해야 한다. 그리고 그 이름을 따라 사방의 경관을 둘러보면서 산수의 아름다움과 선현들이 말씀한 인지지락의 의미를 떠올려야 한다. 그런 문화 향기 속에 흠뻑 취하다 보면 절로 신선이 된 듯한 기분을 느낄 것이다. 또한 네 현판의 글씨도 일품이다. 전서는 읽기가 어렵지만 알고 나서 보면 묘한 예술적 조형을 느낄 수 있다.

지금 용암정은 텅 비어 있어 쓸쓸하고 적막하기가 그지없다. 옆에 농가가 한 채 있는데, 생업에 분주하여 이 정자와는 무관한 듯이 보인다. 이 아름다운 정자에 주인이 없으니, 텅 빈 뜰에 구름 그림자만 무심히 지나갈 뿐이다. 현판의 이름처럼 금원산에서 우는 원숭이 울음소리를 듣고, 학을 타고 다니는 신선과 짝이 되어 마음속 티끌을 다 씻어 내는 풍류를 오늘날은 맛볼 수 없는 것일까. 하룻밤이라도 이 정자에서 신선과 노닐어 보면 얼마나 좋을까.

임훈林薰과 임운林芸의 효자정려비

북상면 소재지에는 임훈·임운 형제의 효자정려비각이 있다. 갈천동에는 임씨林氏가 대대로 살았는데, 임훈 형제에게 효자정려가 내린 뒤 효자마을로 거듭났다. 그래서 원학동은 자연경관이 빼어날 뿐만 아니라, 효자가 사는 동네로 그 명성을 더하게 되었다. 이런 점에서 이 두 형제는 원학동에 정신문화를 정착시키는 데 큰 공을 세운 인물이다.

정온이 지은 「갈천임선생정려문중수기葛川林先生旌閭門重修記」에는 아래와 같은 내용이 있다.

> 선생께서 실천하신 효성과 우애는 집안으로부터 향리로 펴지고, 향리에서 수도에까지 알려졌습니다. 그래서 사람들은 모두 귀로 그 소문을 듣고, 눈으로 그 정려문을 보고, 마음에 그 효성을 새겼으니, 정려문의 존폐

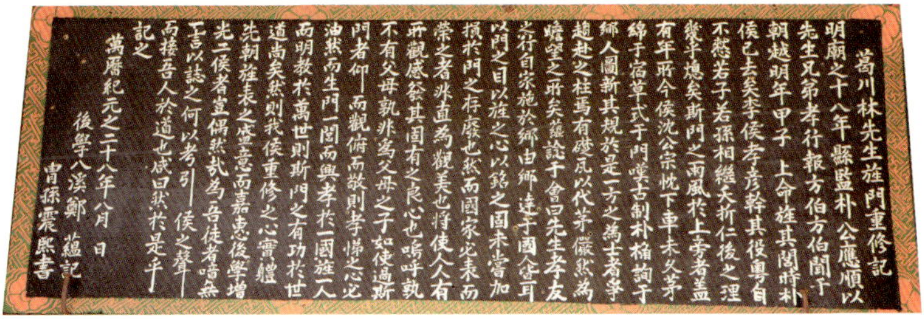

「갈천임선생정려문중수기葛川林先生旌閭門重修記」. ©유근종

에 따라 가감된 적이 없습니다. 그러나 국가에서 굳이 드러내 영광스럽게 하는 것은 단지 아름다운 것을 보도록 하기 위함만은 아닐 것입니다. 사람들로 하여금 보고 느끼는 것이 있어 그들 고유의 양심을 드러내게 하려고 하는 것일 것입니다. 아! 누군들 부모가 없으며, 누군들 부모의 자식이 아니겠습니까? 이 문 앞을 지나는 사람들이 우러러보고 고개를 숙여 공경을 표하면 효도와 공경의 마음이 반드시 성대하게 생겨날 것입니다. 한 집에 정려문을 세우지만 온 나라에 효성을 흥기시키고, 한 사람에게 정려를 내리는 것이지만 만세에 교화를 밝힌다면, 이 문이 세도에 공이 있는 것이 클 것입니다.[19)]

이 글을 읽으면 효성과 우애가 얼마나 소중한 것인지를 새삼 느끼게 된다. 이 효자정려비를 보는 이들이 효성과 공경을 불러일으켜 부모에게 효도를 다한다면, 그것이 만세토록 교화를 밝히는 길이리라. 나와 가장 친한 부모에게 효성을 극진히 하는 마음을 갖는다면, 모든 사람을 친애하는 마음으로 대할 수 있을 것이며, 나아가 더불어 사는 세상의 대동사회大同社會를 열 수 있을 것이다. 가까이 있는 사람을 친애하고 존중할 줄 모르면서 민중을 사랑한다고 하면, 그 진정성을 의심할 수밖에 없다.

심육은 갈천동을 유람하면서 아래와 같이 노래했다.

산속 유람 즐거운 줄 이제야 알겠으니,
깊숙이 들어와도 피곤한 줄 모르겠네.
갈천이란 이름은 아직도 그대로인데,
그분들 떠나시어 이제는 볼 수 없네.
산은 높아 해는 벌써 석양으로 기울고,
길은 험해 두루두루 다녀보기 어렵구나.
한 성씨 작은 마을에 많이 모여 사니,
이 동네 사람들이 나를 부럽게 만드네.
백 년도 넘은 소나무·오동나무가,
갈천 형제분과 함께 전해 오네.

轉覺山中樂 深入不知倦
葛川名猶舊 其人不可見
山高日易夕 路險行難遍
一姓多少村 聚居令人羨
松楸百年古 兩翁亦同傳[20)]

심육은 정온이 지은 갈천의 묘갈명을 보고서 그 인물의 훌륭한 점을 알게 되었고, 또 후손들이 선조의 법도를 따라 사는 모습을 보고서 부러워하고 있다. 이런 것이 인문정신이다. 인문학은 눈으로 글을 읽고 마음으로 그 뜻을 되새기며 자신의 삶을 온전히 찾아 나서는 것에서 벗어나지 않는다. 거창하게 철학과 문학을 논하면서도 심육과 같은 체험을 하지 않으면 그것은 죽은 문자로 탁상공론을 하는 것에 지나지 않으리라.

임훈이 강학하던 갈천서당葛川書堂

갈천동에는 임훈이 강학하던 갈천서당이 있는데, 유람객의 발길을 머물게 하던 곳이다.

17세기에 조경趙絅, 1586-1669은 이곳에서 묵으며 다음과 같이 노래했다.

은자가 떠나자 동네의 원숭이와 학이 슬피 울고,
사당은 텅 비고 바위 가엔 소나무 대나무뿐이네.
푸른 하늘 향해 읊조리며 긴 밤을 지새웠는데,
선명한 새벽달이 떠나가는 길손과 함께하네.

洞哀猨鶴山人去 巖老松筠古廟空
吟向碧天終永夜 分明曉月往時同[21)]

조경은 1626년에 문과에 급제하여 대제학 등을 역임한 남인계 학자이다. 시인은 갈천동의 은자 임훈을 상상하면서 그 유풍에 느낌이 심장했던 듯하다. 높은 이상을 일삼지 않고 초막에서 덕을 성대히 한 임훈의 은군자적 삶을 상상해 볼 수 있다.

갈천서당은 후에 여러 차례 중수되었는데, 19세기 후반 장복추가 아래와 같이 중건기를 지었다.

갈천서당. ©김종길

아! 이 서당의 흥패는 우리 도의 행불행에 관계됨이 있구나. 옛날 우리 선생께서 90리 갈천동에서 마학동磨學洞을 얻어 형제들과 도를 논하고 학문을 강론하는 곳으로 삼아 이 서당을 지으셨다. 둘째 동생의 자질이 순수하고 행실이 순일했는데, 갑자기 먼저 요절하여 이 서당이 폐지되고 말았으니, 그 행불행의 첫 번째이다. 석곡石谷 성팽년成彭年, 역양嶧陽 정유명鄭惟明이 그 일을 주간하고, 정팔원鄭八玩과 신청송愼聽松이 그 계획을 돕고, 막내 동생 첨모당瞻慕堂이 그 제도를 만들고, 안의현감 이공李公이 곡식을 후원하여 갈천 서쪽 석담石潭 아래 회암回巖 위로 옮겨 세웠다. 그런데 뒤에 병화를 만나 폐지되었으니, 그 행불행의 두 번째이다. 난리가 끝난 뒤 온 고을의 유생들이 귀의할 곳이 없음을 개탄하여 다시 서당을 지었는데, 문득 화재를 만나 폐지되었으니, 그 행불행의 세 번째이다.[22]

작자는 갈천서당을 도의 행불행으로 보면서 다행히 중건한 사실에 큰 의미를 부여하고 있다. 불행을 다시 행으로 복원하는 것이 문명을 이어 가는 인문정신이다.

19세기 거창에 살던 윤주하尹冑夏는 갈천서당을 다음과 같이 노래했다.

복된 땅 그윽하고 깊어 태초의 세계인 듯,
지금도 서가 위에 두 현인의 책 남아 있네.
봄이 온 것 아는 이 없다 말하지 말고,
백주를 기울일 때 나를 멀리하지 마오.
긴 여름날 오래된 책 밋밋함이 걱정이고,
맑은 가을 신선 신발 정숙함이 더해지네.
형제 두 집에 내린 정려 참으로 어려운 일.
행인도 효자가 사는 마을인 줄 다 안다네.

福地窈深合遂初　至今架上二賢書
陽春莫道無人解　白酒相將不我疎
長夏陳編愁鹿鹿　淸秋仙舃剩魚魚
門閭四闕誠難事　行路猶知孝子居[23)]

윤주하는 임훈·임운 형제에게 모두 효자정려가 내린 것을 칭송하며, 두 현인들을 그리워하고 있다.

이처럼 갈천동에는 임훈 형제의 효자정려비와 그들의 유적이 곳곳에 남아 있다. 그런 데다 갈계숲에는 그들이 노닐던 가선정·도계정 등의 빼어난 경관이 있어 명승지로서의 요건을 충분히 구비하고 있다.

임훈이 노닐던 갈계숲의 가선정駕仙亭

가선정은 임훈이 노닐던 곳으로, 임훈의 호를 따서 붙인 이름이다. 임훈이 왜 호를 가선이라 지었는지는 알 수 없으나, 가선정이 시냇가에 있기 때문에 이 정자는 신선의 배를 타고 노닌다는 의미로 붙인 것이 아닐까 싶다. 가선정은 숲 속에 있기 때문에 때 묻지 않은 신선세계의 청정한 흥취를 즐기기에 제격인 곳이다.

임훈은 가선정에서 다음과 같이 노래했다.

한 줄기에 천 그루 만 가지나 뻗었는데,
춘풍에 봄비가 날마다 이 나무들 적셔 주네.
인생살이 어찌하면 저와 같이 오래 살까,
해마다 길이길이 봉양해 주는 시절을 보네.

一幹千株與萬枝　春風和雨日潛滋
人生安得如渠壽　歲歲長看長養時[24)]

이 시는 임훈이 회갑 때 지은 듯한데, 거창현감 양공梁公의 시에 차운한 것이다. 작자는 하늘이 비를 내리고 따뜻한 봄이 되게 하여 나무가 잘 자라 오래오래 사는 것을 보고서, 자연이 주는 혜택에 감사하는 마음을 노래하였다. 이런 정취가 은거하여 안빈낙도를 지향한 임훈의 마음이었을 것이다.

지금 갈계숲에는 상류로부터 하류로 내려오면서 병암정, 도계정, 가선정이 일렬로 늘어서 있다. 이 세 정자 중 도계정의 규모가 제일 크지만,

갈계숲의 정자들. ©거창군청

가장 먼저 지어진 임훈의 가선정에서 그 의미를 찾아야 할 것이다. 임훈의 정신은 만나지 못하더라도 그 흔적이 남은 곳에서 고인을 생각해야 이곳을 찾은 보람을 느낄 것이다.

갈계숲의 도계정道溪亭과 병암정屛巖亭

도계정은 가선정 위에 있는데, 임훈의 동생 도계道溪 임영林英의 호를 따서 붙인 이름으로 1935년에 후손들이 선조를 기리기 위해 건립한 정자이다. 임영은 형 임훈 및 동생 임운과 함께 학문을 강론하여 인仁을 어기지 않음으로써 '해동의 안자顔子'로 일컬어졌는데, 안타깝게도 31세에 별세하였다.

도계정에는 이명상李明翔이 지은 「도계정기道溪亭記」가 있으며, 후손 임성희林盛熙 및 이명상·정윤시鄭胤時·남규희南奎熙·서상훈徐相勛 등이 지은 시가 현판에 걸려 있다. 이들은 모두 근세 인물이다. 그 가운데 서상훈이 지은 시를 소개해 본다.

> 도계정은 갈계 하늘 마주하고 있는데,
> 주렴 밖엔 구름 낀 산 그윽이 펼쳐졌네.
> 정자에 오르면 넉넉한 흥취 승경임을 알고,
> 선현들이 남겨 주신 풍류가 없어지지 않았네.
> 긴긴 날 거문고와 책으로 한가로이 지내며,

임훈이 노닐던 가선정. ©최석기

깊은 봄꽃과 대나무 옆에서 시를 읊조리네.
선대의 뜻을 이어 지은 정자 늘 보기 좋으니,
백세 뒤에는 응당 아름다운 고사가 전해지리.

道溪亭對葛溪天　簾外雲山展幽然
登覽有餘知勝景　風流未泯根前賢
琴書日永蕭閒裏　花竹春深喁詠邊
只因肯構望常好　百世應將美事傳

이 시는 거문고를 타고 책을 읽으며 자연 속에서 시를 읊조리면서 지

병암정. ©유근종

도계정. ©유근종

내는 도계정 주인의 모습을 잘 그려 내고 있다.

병암정屛巖亭은 임훈의 동생 임운林芸을 기리기 위해 세운 정자이다. 병암정은 도계정 위에 있다. 병암정은 임운의 증손 병암屛巖 임여남林汝枏의 호를 따서 붙인 이름이다. 후손들이 그곳에 병암정사를 짓고 학문을 강론하였다.

강선대降仙臺

임훈의 후손이 학문을 닦던 모암정帽巖亭

강선대는 북상면 농산리 시내 건너편에 있는데, 시내를 건너기 전 길가에 모암정이 있다. 모암정은 산수가 수려하여 예로부터 고림정古林亭이라 불리던 곳이다. 이곳은 임훈의 후손 모암帽巖 임지예林之藝가 학문을 연마하던 곳으로, 후손들이 1921년에 정자를 짓고 선조의 호를 따서 모암정이라 하였다.

신선이 내려와 노닐던 강선대

강선대는 신선이 내려와 놀았다고 하여 붙여진 이름인데, 바위에 '강선대降仙臺'란 각자가 있다. 『안의읍지』에 의하면 강선대 서쪽에 환선대喚仙

강선대 앞 시내. ©유근종

臺, 북쪽에 유선암遊仙岩, 동쪽에 회상담回觴潭, 남쪽에 청송정淸松亭이 있었다고 한다. 환선대는 '신선을 부르는 대'라는 뜻이고, 유선암은 '신선세계를 노니는 바위'라는 뜻이며, 회상담은 '술잔을 돌게 하는 못'이라는 뜻이고, 청송정은 '맑은 시냇가 소나무 정자'라는 뜻이다. 지금은 강선대 앞에 다리가 놓여 있어 옛날의 경관을 찾아볼 수 없고, 강선대만 덩그렇게 서 있을 뿐이다.

강선대에는 전주 최씨 최득호崔得昊·최득화崔得華가 바람을 쏘이고 시를 읊조리던 곳이라는 뜻의 '최득호득화풍영지소崔得昊得華風咏之所'라는 글씨가 새겨져 있다.

정온은 강선대에 올라 아래와 같이 읊었다.

어느 해에 신선이 이 대에 내려왔나,
오늘 여기 오니 병든 눈이 환해지네.
창강에 해 떨어져 돌아가는 저녁나절,
옆 사람 저곳이 봉래산이라 가리키네.

何年仙子降茲臺 今日來登病眼開
落日滄江廻棹晚 傍人遙指是蓬萊[25)]

봉래산은 삼신산의 하나로 신선세계를 의미하는데, 이곳에 봉래산이라 부르는 산이 있었던 듯하다. 강선대는 신선이 내려와 노니는 곳이고, 봉래산이 바로 그 옆에 있으니, 이 구역은 그야말로 신선세계다.

거창에 살던 윤주하도 강선대를 다음과 같이 노래했다.

모암정. ©유근종

「강선대 최득화풍영지소」 각자. ©유근종

인간 세상 아닌 곳에 별천지의 신선세계,
매번 속세의 일에 따라 원만한 생각 잃었지.
그대와 함께 오늘 덕유산 속에 앉아 있으니,
귓가에 들려오는 것은 흐르는 시냇물 소리뿐.

不是人間別有仙　每從塵務失團圓
與君德裕山中坐　只有水聲來耳邊[26)]

모든 생각을 다 내려놓고 개울물 소리에 마음을 맡겨본 사람이라면 이런 느낌을 이해할 수 있을 것이다. 세찬 물소리를 귀로 듣다가 나중에는 그런 의식마저 없어지고 물소리만 남게 된다. 물소리를 듣고 있는 나라는 존재만이 오롯이 앉아 있는 모습에서, 시인이 신선처럼 느껴진다.

모리동某里洞

정온鄭蘊이 의리를 지킨 모리재某里齋

강선대 왼쪽으로 난 길을 따라 올라가면 마을이 나온다. 그 마을 뒤로 난 산길을 따라 약 2㎞쯤 오르면 산 중턱에 정온이 은거한 모리재가 있다. 자동차가 들어갈 수는 있지만 길이 워낙 좁아 걸어가는 것이 좋다. 정온이 1637년에 남한산성에서 돌아온 뒤 이곳에 은거하였다. 정온이 이곳에 은거한 것은 '모리某里'라는 명칭 때문이었는데, 은거하던 집의 이름도 모리재某里齋라 하였다. 모리재 왼쪽 방에는 '구소鳩巢'라는 현판이, 오른쪽에는 '채미헌採薇軒'이라는 현판이 있다. 구소는 비둘기 집이라는 뜻이며, 채미헌은 고사리를 캐 먹고 사는 사람이 사는 집이라는 뜻이다.

정온은 1636년에 병자호란이 일어나자, 명나라에 대한 의리를 지켜야 한다고 주장하며 청나라와의 화친에 반대하였다. 왕을 호종하여 남한산성에 들어가 항거하다가 조정의 의논이 화친으로 정해지자, 오랑캐에

「구소」 현판. ©유근종

「채미헌」 현판. ©유근종

게 항복하는 수치를 참을 수 없다 하여 자결을 시도하였다. 가까스로 목숨을 구한 그는 관직을 버리고 모리로 들어가 대명의리大明義理를 지키다 생을 마감하였다. 그래서 모리는 대명의리를 지킨 상징적인 곳으로 알려졌다.

모리라는 이름에 대해서는, 정온이 지은 「모리구소기某里鳩巢記」에 잘 나타나 있다.

> 정축년 봄에 동계桐溪 고고옹鼓鼓翁이 남한산성에서 향리로 돌아와 몸이 병들고 늙어 다시는 이 세상에서 할 일이 없는 것을 알고서 늙어 죽을 만한 곳을 찾다가 마침내 이 동네를 얻었다. 이에 고고옹이 그 이름을 기쁘게 여겨 나무를 얽어 두어 칸 집을 지었는데, 마치 비둘기의 집처럼 졸렬하여 '구소鳩巢'라고 이름을 붙였다. 명년 여름에 병든 몸을 이끌고 와서 거처하였는데, 가지고 온 것은 주자서뿐이었고, 따라온 자는 두세 명의 젊은 이뿐이었다. 여기에서 잠을 자고 이곳에서 노니니, 늙음이 이르러 오는 줄도 모르고, 인간 세상의 비방과 칭찬, 기쁨과 슬픔이 있는 줄도 모르고, 세금을 독촉하는 관리를 보지도 않고, 쫓겨나고 승진하며 밀어내고 끌어당기는 조정의 정사도 들리지 않는다.[27]

정온은 자신을 부끄러운 사람으로 자처하여 소부巢父·상산사호商山四

皓·엄광嚴光 등 중국 역대 은자들과 비교할 수 없다고 하며, 비둘기의 집처럼 초라한 구소에서 4년 남짓 살다가 세상을 떠났다. 이러한 정온의 삶은 미개한 오랑캐가 무력으로 문명을 압살하는 것에 대한 저항의 표시이며, 의리를 중시하는 주자학적 세계관을 실천해 보인 것이다.

꽃잎만 보고 산 정온의 춘추대의春秋大義 정신

정온은 명나라가 망한 뒤 청나라 책력을 보지 않았다. 그는 이런 의지를 「서숭정십년역서書崇禎十年曆書」라는 시로 표현했다.

> 숭정崇禎이란 연호가 여기서 멈추었으니,
> 명년에 어떻게 다른 역서曆書를 펴 보리.
> 이제부터 산사람은 더욱 일이 줄어들 터,
> 단지 꽃잎이나 보면서 계절 가는 것 알리.
>
> 崇禎年號止於斯 明歲那堪異曆披
> 從此山人尤省事 只看花葉驗時移[28)]

'숭정崇禎'은 명나라 의종毅宗의 연호이다. 정온은 명나라가 망했으니 이제는 책력을 펴 보지 않고 꽃잎이나 보며 계절이 변하는 것을 감지하겠다고 하였다. 무도한 청나라를 인정하지 않겠다는 뜻이다. 공자는 난신적자亂臣賊子가 판을 치자 『춘추春秋』를 지어 대의가 무엇인지를 알게

화엽루에서 본 모리재. ©김종길

하였다. 정온 역시 그런 대의를 지키는 것이 자신의 임무라고 생각했다. 그래서 그는 청나라 책력을 보지 않기로 결심한 것이다. 이는 도가 없어진 세상을 인정하기 싫다는 자존심의 표현이다. 그래서 모리재는 정온의 춘추대의 정신이 깃든 곳이 되었다.

훗날 정온을 사모하는 후학들은 모리재에 황명각皇明閣과 화엽루花葉樓를 지어 그 정신을 기렸는데, '꽃이 피면 봄이 온 줄 알고, 잎이 지면 가을이 온 줄 안다.'는 뜻에서 취하여 화엽루라 이름을 붙였다.

정온이 지은 「서숭정십년역서」에 후인이 차운한 시를 보면, 정온의 춘추대의를 존모하는 마음이 깔려 있다. 합천 삼가에 살던 정재규鄭載圭는 다음과 같이 노래했다.

대명의 천지가 선생 대에서 끝났으나,
선생은 삼백 년 그 책력만 펼쳐 보셨네.
옛날의 꽃과 나뭇잎 지금도 변함없으니,
떳떳한 인륜 부지하면 영원히 변치 않으리.

大明天地止於斯 三百年來舊曆披
昔時花葉今無恙 扶植彝倫永不移[29)]

시인은 봄에 꽃이 피고 가을에 낙엽이 지는 것처럼 계절의 변화는 변치 않고 있으니, 아무리 험난한 시대일지라도 인륜을 부지하면 도가 없어지지 않으리라는 다짐을 하고 있다. 정재규는 독서종자讀書種子를 양성해 도가 없어지지 않게 해야 한다는 생각을 확고히 한 인물인데, 이 시에도 그런 정서가 드러나 있다.

한편 조긍섭曺兢燮, 1873-1933은 정온의 시에 차운하여 다음과 같이 읊었다.

푸른 소나무 연두색 대나무 그대로인데,
옛 상자에 남은 유품 어찌 차마 펴 보리.
선생이 살던 세상이 도리어 부러울 뿐,

당시엔 한성의 종틀 옮기지는 않았었지.

蒼松綠竹尙如斯 古匣遺題豈忍披
却羨先生生世幸 漢城鍾簴不曾移[30]

이 시를 보면, 정온이 살던 시대보다 더 험난한 일제강점기를 산 지식인의 고뇌를 읽을 수 있다. 시인은 정온이 아끼고 간직했던 명나라의 책력조차 펴 볼 엄두를 내지 못하며 정온이 도리어 부럽다고 한탄을 하고 있다. 나라를 빼앗긴 시대 지식인의 쓰라린 마음을 느끼게 한다.

정온의 백세청풍百世淸風이 깃든 곳

모리재는 정온이 대명의리를 지킨 곳, 정온의 춘추대의가 깃든 곳으로 인식되었을 뿐만이 아니다. 백이·숙제가 무력으로 은殷나라를 정벌한 주周나라 무왕의 곡식을 먹지 않고 수양산에 들어가 고사리를 뜯어먹다가 죽은 것처럼, 모리는 정온이 만년에 절개를 지킨 곳이기에 백세청풍이 깃든 곳으로 인식되었다. 정온은 1638년 봄에 모리에 터를 잡고 백이·숙제처럼 살기를 다짐하며 다음과 같이 읊었다.

억지로 두 해 동안 이곳을 경영해,
비로소 오늘 아침 이사를 했다네.
초목은 새로운 자태를 드러내고,

운무는 예전에 바라던 대로구나.
고사리 살쪄서 굶주림 면할 테고,
샘물은 차가우니 갈증을 적셔 주리.
칠십 평생 지나간 일 돌아보니,
생각할수록 부끄러운 일 많구나.

經營强二載 杖屨始今朝
草樹呈新態 雲霞似舊要
蕨肥饑可療 泉冽渴堪澆
七十年前事 追思愧意饒[31)]

정온은 칠십 평생을 돌아보며 의리가 없어진 세상을 자기 책임인 양 부끄러워하고 있다. 그가 모리에 자신을 숨기고자 한 이유도 바로 그 때문이었다. 그러면서 자신은 백이·숙제처럼 모리에서 고사리를 캐 먹고 물이나 마시며 살기를 다짐하고 있다.

이 시를 보면, 양심적인 한 지식인의 진정성을 읽을 수 있다. 무도한 세상에 굴종하는 삶을 거부하고 단절을 꾀한 것만으로도 그 절의를 높이 여길 만하다. 그런데 다시 도가 무너진 것을 자신의 책임으로 통감하고 있으니, 진정한 유학자의 정신이 어떤 것인지를 알 수 있다. 이런 마음을 알고 있던 그의 문인 임진부林眞怤는 다음과 같이 읊었다.

내 듣자하니 모리에 모인이 살았다네,
가서 그 분 따르며 함께 살고 싶은 생각.

가을 물은 아득하고 세상사는 갈래갈래,
한 밤중에 홀로 서서 남몰래 옷깃 적시네.

吾聞某里某人居 欲往從之同採漁
秋水渺茫路條夐 中宵獨立空沾裾[32)]

이 시에는 스승에 대한 간절한 그리움과 험난한 세로에 대한 탄식이 함께 담겨 있다.

기호 지방의 학자 심육沈錥은 원학동을 유람하면서 "동계가 병자년 거처하던 곳을 모리라고 한다. 그가 지은 시의 '단지 꽃과 나뭇잎을 보고 시절이 바뀐 줄 아네.[只看花葉驗時移]'라고 한 1구만 보더라도 백세 뒤에 사람들을 벌떡 일어나게 한다. −후략− "라는 긴 제목의 시를 지었다.[33)] 이런 심육이 지은 시의 제목 보면, 정온의 절의정신이 후인들에게 어떤 영향을 미쳤는지를 짐작하게 한다.

이진상李震相도 "백세의 청풍이 남아 있는 이 정사에 와서, 찬란한 중화 문명의 비단 보자기를 펴 보네. 꽃잎만 보고 사신 춘추대의 정신 이 땅에 영원하니, 붉은 비단에 싼 책력 바뀌었다 말하지 마오."[34)]라고 하여, 세상은 바뀌어 청나라 책력을 쓰고 있지만, 변치 않는 춘추대의 정신이 이곳에 살아 있어 백세청풍이 깃든 곳임을 강조하였다.

화엽루. ©유근종

정온의 정신을 이어 가려는 후학들의 노력

정온의 증손 정중원鄭重元은 주위 사람들과 상의하여 모리재 현창사업을 적극적으로 추진하였다. 1707년에는 화재로 소실된 재실을 다시 짓고 채례菜禮를 행하였으며, 「유사遺事」를 지어 사실을 기록하였고, 권이진權以鎭, 1668-1734에게 유허비 비문을 청하여 돌에 새겨 세웠다.

정중원이 지은 「모리유사기某里遺事記」를 보면, 후인들이 정온의 정신을 기리려고 하는 정황이 어떠했는지를 알 수 있다.

숭정연간 말기에 우리 선조께서 이런 기운으로 모리에 의탁하셨다. 그러니 이는 문산文山이 이른바 '땅의 기강이 이에 의지해 확립되고, 하늘을 떠받치는 기둥이 이에 의지해 높아지고, 삼강은 실로 목숨에 관계된 것이고, 도의는 그 근원이 된다.'라고 한 것이 아니겠는가? 고어에 '책은 불에 타도 기운은 불타지 않는다.'라고 하였으니, 나 또한 '사당은 불에 탔지만 기운은 불타지 않았다.'고 말한다. 그 유지에 사당을 복원하여 그 기운이 의탁한 바를 구하되 창주정사滄洲精舍의 의례를 본떠서 추모하고 우러르는 정성을 붙인다면, 어찌 의탁해 상상할 곳이 없다고 말하겠는가? 또 선생이 산속에서 펴 보시던 주자의 문집 가운데 산실된 것이 우연히 집안에 남아 있고, 숭정연간의 책력 겉면에 쓰신 절구 28자도 모사본이 남아 있으니, 이를 사당에 봉안하여 처음처럼 간직한다면 오랜 세월이 지난 뒤라도 유적이 완전히 없어지는 데 이르지는 않을 것이다."라고 하였다.[35]

'문산文山'은 송나라 때 충신 문천상文天祥의 호이다. '건물이나 책은 불에 타지만 그 기상은 불에 타지 않는다.'라는 말은 독자의 모골을 송연하게 한다. 동계의 유품은 없어졌지만, 동계의 정신은 없어지지 않고 남아 있으니, 그것을 전하면 된다는 생각이다.

권이진이 지은 「모리유허비某里遺墟碑」에는 다음과 내용이 있다.

사람은 떳떳한 본성이 있어 의리를 사모하지 않을 수 없다. 의리에는 대소가 있고, 일에는 고저가 있으니, 사모하고 느끼는 데에도 얕고 깊고 느리고 급함이 있다. 동계 선생 같은 분은 의리와 충렬이 우주를 덮을 정도였는데, 모리는 선생이 의리를 지켰던 곳이다. 후세 사람들이 그 유적을 통해 감동을 받는다면, 선생의 대의를 우러러 중화를 존숭하고 오랑캐를 천시하며, 나라에 충성하고 임금을 사랑하는 마음을 부단히 일으킬 것이다. 그래서 주룩주룩 눈물을 떨어뜨리며 눈을 부릅뜨고 팔을 걷어 부치고서 목숨을 바칠 곳이 없을까를 생각하는 이가 있을 것이다. 그러니 이 유허지가 떳떳한 인륜에 유익함이 있는 것이 어찌 우연이겠는가? 그렇다면 어찌 이곳을 표지하지 않을 수 있겠는가?[36)]

권이진은 송시열의 외손으로 문과에 급제하여 경상도 관찰사 등을 지낸 인물이다. 작자는 이 글 뒤에 "세금을 내는 땅에서 난 곡식을 먹지 않고, 청나라 연호가 표기된 책을 보지 않았으며, 굶주림으로 몸이 야위었으나 죽을 때까지 후회하지 않았다. 넓고 넓은 천하가 어느 한 곳도 오랑캐의 누린내로 물들지 않은 곳이 없었는데, 오직 이 한 구역만은 요순의 일월이 길이 새롭고, 중화의 예의가 그대로 남아 있다. 그래서 풀 한 포기 나무 한 그루까지도 그 밝은 은택을 입어 지금까지 빛이 나고 있다."라고 하여, 정온의 절의정신을 높이 표창하였다.

합천 삼가에 살던 허유許愈, 1833-1904는 정온의 정신을 다시 자기 시대의 정신으로 조명하여 다음과 같이 노래했다.

숭정 이후로의 모년 모월은,
누구의 기원인지 나는 모르네.
모산과 모수로 돌아오니,
구소鳩巢라는 집 이름도 번거롭구나.
모는 땅을 밟으려 해도 땅에는 주인 있고,
모는 하늘을 받치려 해도 하늘은 말이 없네.
인을 구해 인을 얻었는데 마을은 모가 되었고,

한 조각 깨끗한 하늘에 오직 한 조각의 땅뿐.
화친[和] 한 자 인간 세상 부끄럽고 슬프구나,
모는 배척 모는 강화 지금 어찌 논하리.
임금께선 모국인이라고 말하지 마세요,
임금께선 모가의 후손이라 말하지 마세요.
갓과 옷을 거꾸로 매달았으니 모를 구원 마오,
뉘 오랑캐는 비천하고 중화는 존귀하다 말하리.
한 책 『춘추』 경전 읽을 곳이 없구나,
오직 모리뿐이니 그 이름 항상 보존하리.
나에게 모리가란 노래 한 곡조 있나니,
공경히 선생을 위해 크게 혼을 불러 보네.
동쪽도 없고 서쪽도 없고 남북도 없는데,
밝고 밝게 완연히 중앙에 문이 있네.
살아도 죽은 것 같으니 한하지 마오,
이곳 고사리 나물에 산초꽃 술로 편안하리.
세상에서 하나의 큰 의리를 일삼는 것,
이는 실로 모리가 그 근원이 되리라.
구천에서 어떻게 모를 다시 모셔오나,
세도를 돌아보니 목이 메려 하네.

崇禎以後某年月　不知何人更紀元
某山某水歸去來　鳩巢之名名亦煩
某欲蹋地地有主　某欲拄天天無言

모리재 강당. ©유근종

求仁得仁里爲某　一片乾淨惟此坤

人間羞痛一和字　某斥某講今何論

願君莫道某國人　願君莫道某家孫

冠裳倒置某莫救　孰謂夷卑而華尊

一部春秋無地讀　惟有某里名常存

我有某里歌一曲　敬爲先生大招魂

無東無西無南北　明明宛在中央門

生猶死耳莫須恨　安此薇盤椒花樽

生三事一大義理　此實某里之基根

九泉安得起某來　顧瞻世道聲欲呑[37)]

이 시를 읽으면 자신도 모르게 의기를 분발하게 된다. 이 모리가는 비장하기 이를 데 없다. 시인은 임금을 향해 모국인이라 말하지 말고, 모가의 후손이라고도 말하지 말라 한다. 그리고 모리가 하나의 큰 의리를 일삼는 데 정신적 근원이 될 것이라 확신하고 있다. 그러면서 자기 시대 세도가 무너지고 있는 것을 한탄하고 있다. 시인은 이처럼 도가 무너지고 있는 세상에서 정온의 춘추대의를 다시 불러일으켜 무너지는 도를 일으켜 세우고자 하는 간절한 바람을 노래하였다. 이 시를 읽으면 절로 눈물이 나고, 문득 허유 선생이 그리워진다.

거창에 살던 윤주하尹胄夏는 자기 시대를 돌아보며 다음과 같이 노래했다.

어느 산엔들 이런 동네 없으리,
어느 곳엔들 이런 누각 없으리.
애석하다 오늘날의 선비들이여,
가슴속에 춘추대의 부족하구나.

何山無此洞 何處不此樓
惜哉今世士 皮裏乏春秋[38)]

시인은 자신이 모리로 향하는 것은 춘추대의를 다시 되새기며 의기를 분발하기 위해서임을 말하고 있다. 그래서 그는 자기 시대의 선비들에게 쓴소리를 한다. 가슴속에 춘추대의가 부족하다고. 이 한마디 말에 의로운 지사들은 눈물을 흘렸을 것이다. 우리가 살고 있는 지금 세상에는 이런 모리가를 다시 부를 사람이 없으며, 윤주하처럼 세상 사람들을 향해 대의가 부족하다고 쓴소리를 할 사람도 없다. 인문정신이 쇠락하여 도가 땅에 떨어진 것인가.

구한말 모리재를 찾은 유학자들의 마음

공자가 말년에 『춘추』를 지은 것은 난신적자들이 횡행하는 것을 막으려고 한 것이다. 즉 시비를 밝히고 명분을 바르게 하여 대의가 무엇인지를 세상 사람들에게 알려 주고자 한 것이다. 이런 뜻을 조선 시대 학자들은 늘 가슴속에 새기고 자기 시대의 정신을 살리려고 노력하였다. 19세기 진주에 살던 하달홍河達弘은 모리재를 다녀와 다음과 같은 기록을 남겼다.

> 나는 후대의 다른 세상에 태어나 선생의 문하에서 수학할 수 없음을 한스러워했다. 지금 이 누각에 오르니, 나도 모르게 무릎을 치며 감개무량한 마음이 든다. 맹자가 말씀하신 '완악한 사람을 청렴하게 하고 유약한 사람을 일으켜 세운다.'는 말이 바로 이 분을 말하는 것이다. 동구에는 특별히 즐길 만한 천석이 없으며 단지 깊고 그윽할 뿐이다. 또한 선생이 '모리'라고 이름을 붙인 뜻은 이름을 감추고자 한 것이니, 사람들로 하여금 그가 누구인지 알게 하고 싶지 않았기 때문에 '모리'라고 이름을 한 것이다. 그러나 이로부터 동네 이름은 더욱 알려지게 되어 백이가 은거하던 서산西山 및 노중련魯仲連이 은거하던 동해東海와 천고의 세월 속에 아름다움

을 함께할 것이다. 선유들이 주자의 불행이 무이산으로 보면 다행이라 했듯이, 나도 선생의 불행이 모리로 보면 다행이라고 생각한다.[39)]

하달홍은 모리재가 백이·노중련과 함께 천고에 이름을 드러내게 될 것이라 하고 있다. 이런 정신은 구한말까지 그대로 전승되어 불의에 타협하지 않는 의리를 되새기게 하였다. 이런 점에서 모리재가 갖는 정신사적 의미는 그 무엇보다 크다. 자연경관으로 보면 원학동의 중심은 수승대지만, 정신사적 측면에서 보면 원학동의 중심은 모리재이다. 임훈·임운의 효성과 은일이 원학동을 학문의 고장으로 인식시켰다면, 정온의 절의는 원학동을 대명의리의 본고장으로 알려지게 하였다. 이곳은 기호 지방 학자들이 경기도 가평에 조종암朝宗巖을 세워 대명의리를 고취한 것과 쌍벽을 이루는 장소적 의미를 갖는다.

모리재는 도가 망하고 인륜이 망하고 문명이 망한 세상을 인정하지 않겠다는 정신이 깃든 곳이다. 그런 무도한 세상에 나아가느니 차라리 이름을 숨기고 사는 것이 더 낫다는 문화적 자존의식을 남긴 곳이다. 이런 의식은 무력으로 남을 지배하려는 오랑캐를 금수로 간주함으로써 그들을 인정하지 않고 배척하는 저항정신에서 나온 것이다.

19세기 말의 학자들은 이 점을 민감하게 받아들였다. 그래서 종전에 다양하게 전개되던 이기론이 영남학파·기호학파를 막론하고 주리론으로 나타난다. 기호의 이항로李恒老, 전라도의 기정진奇正鎭, 영남의 이진상李震相이 그 대표적 인물이다. 이는 도가 무너지고 외세의 침략이 가속되는 환경에 직면하여 리理의 절대성을 강조하지 않고서는 대응할 수 없다고 판단했기 때문이다. 무력이 지배하는 약육강식의 시대에 힘이 미약한 쪽에서 대항할 수 있는 것은 도덕과 절의밖에 없지 않은가.

모리재는 처음 대명의리 또는 춘추대의를 상징하는 곳으로 인식되었다. 그러다 20세기 초 나라를 빼앗기게 되자 새로운 시대정신을 불러일으켰다. 즉 나라의 명운이 위태로울 때 지식인들에게 정신적 귀의처가 되었을 뿐만 아니라, 의기를 새롭게 다짐하고 결의하는 성지로 인식된 것이다. 일제강점기에 끝까지 저항하여 독립투쟁을 할 수 있었던 것은 이런 절의정신이 밑바탕에 있었기 때문이다. 이런 점을 생각하면, 이곳을 성역화하여 그 의미를 후세 사람들에게 길이 전해 주어야 한다.

아래 인용문은 역사적 전환기에 이 지역 지식인들이 의리를 고양하기 위해 모리재를 찾아 모임을 가졌던 기록이다.

> 모리는 어떤 마을인가? 모某로써 마을을 찾으면 그 마을을 찾을 수 없을 것이다. 그러나 지금 천하는 하나의 모리일 뿐이다. 그러니 모리라고 말해도 괜찮다. 아! 어찌 모리만이 모리가 되는 것으로 족하겠는가. 천하로 하여금 모리라고 해도 괜찮을 것이다. 모년 모월 모일 이무개는 모공某公·모우某友를 따라 모향某鄕에서 모서某書를 강론하고 드디어 모리로 갔다. 계회契會가 있었는데 예식을 마치고 모당某堂에서 술을 마셨다. 그리고 모수某水·모산某山을 배회하다가 돌아왔다. 우리 문중의 모군某君이 또 모지某地·모일某日·모사某事·모설某說을 추급해 기록하고 편차를 정해 총괄하여 「모리기행록」을 만들었다. 그렇게 하여 그곳을 유람한 것이 모리로써 성대하게 되었다. 동행한 사람들의 성명을 기록할 적에는 모두 모성某姓·모명某名·모갑某甲·모주某州·모리某里로 쓰고, 단지 옆으로 그 밑에다 주를

달아 표기했다. 그래서 모와 모로 하여금 모두 모리의 사람이 될 수 있게 하였다. 그러니 그 의도가 참으로 씁쓸하다. 그러나 모라고 일컬으면 이름이 없으니, 이름하여 부를 수 있겠는가? 반드시 모리인이 있은 뒤에 모리가 있게 될 것이다. -중략- 아! 이 기행록 속에 이름을 기록하게 하였다면 모두 그런 마음일 것이니, 참된 모리에 사는 것이리라. 이를 미루어 모향某鄕·모국某國이 모두 모리가 될 것이고, 장차 천하가 모두 모리가 될 것이다. 그러니 이곳을 유람하는 의미가 크구나. 모년 모월 모일 모가 서문을 지음.[40)]

이 글은 이진상李震相의 아들 이승희李承熙가 지은 것이다. 이 글에 보이듯, '우리 문중의 모군이 「모리기행록」을 지었다.'라고 하였는데, 이 기행록을 쓴 사람은 홍와弘窩 이두훈李斗勳, 1856-1918으로, 이승희의 집안사람이다. 이승희는 을사늑약이 체결되자 유림 300명의 서명을 받아 을사오적을 참형하고 늑약을 파기할 것을 상소하였으며, 1908년에 블라디보스토크로 망명하여 이상설李相卨 등과 함께 광복운동에 헌신하였다.

위 인용문을 보면, 이승희는 당시의 세상을 모두 모리로 인식하고 있다. 즉 사람이 살 만한 문명세상이 없어졌다는 것이다. 그래서 비분강개한 마음을 갖고 있지만 어떻게 할 수가 없다. 그러나 그의 마음속에는 의리심이 더욱 강하게 솟구쳐 정온의 모리재만이 모리가 아니라, 비분강개한 마음을 갖고 의리를 지향하는 사람이 사는 곳은 모두 모리가 되게 하자고 제언하고 있다. 고을마다 모리가 되게 하여 전국 방방 곳곳이 모두 모리의 정신으로 충만하면 나라를 다시 찾고 도를 다시 회복하여 문명세상을 만들 수 있다는 것이다. 그래서 그는 「모리기행록」을 읽고 그런 마음을 분발하는 사람은 모두 모리인이라고 선언하고 있다. 이 글을 읽노라면 나도 모르게 눈시울이 붉어지고, 의협심이 불길처럼 솟아난다.

윤주하가 쓴 「모리기행록」의 서문에는 아래와 같은 내용이 있다.

> 아, 모년 이전에는 천하가 모두 모리였다. 쇠나 나무로 만든 형틀을 없애면 천고의 세월이 모두 모리이다. 모리의 세상에 태어나 모리의 사람이 되는 데에 능히 부끄럽지 않은 자는 천고의 세월에 과연 모모이겠는가? 은나라 때 말고삐를 잡고서 직간을 하고 돌아가 서산西山의 고사리를 캐 먹다 죽은 이는 모모이고, 주나라 때 한마디 말로 양梁나라 사신을 물리치고 바닷속 섬에 숨어 고고하게 산 사람은 모이고, 다섯 그루 버드나무로 문을 막고 세모에 형가荊軻를 노래한 사람은 진晉나라 처사 모이다. 연燕나라 누각에 3년 동안 갇혀 있으면서 굽히지 않다가 형을 받을 적에 노래 부르며 기상을 바르게 하고 죽은 자는 송宋나라 소보少保 모이다. 사람이 태어날 때 받은 떳떳한 천성은 모든 사람이 본디 가지고 있는 것인데, 천고의 세월 속에서 그런 사람을 찾아보면 어찌 그리 적단 말인가? 그로부터 1천 년 뒤에 우리 동방에서 선생이 태어나셨으니, 어찌 그리 쉽지 않단 말인가? 아! 이는 모두 불행하고 좋지 못한 때에 태어나 그런 기운이 한 몸에 모인 경우이다. 만약 이런 분들이 뜻을 얻고 제때를 얻어 성스런 군주를 도와 정치를 하였다면 천하 사람들을 모두 모리에 살도록 할 수 있었을 것이다. 그러나 이는 천명인지라 인력으로 할 수 있는 것이 아니다. 오직 이런 일을 일으켜 세워 후세에 남겨 천하의 방비를 보존하고 천운이 회복되기를 기다리는 것이 대장부가 할 수 있는 일이다. 우리들이 어찌 이 동네를 유람하면서 모모에게 보답할 바를 생각하지 않겠는가?[41]

모리재 입구에서 바라본 갈천동 전경. ©유근종

'서산의 고사리를 캐 먹다 죽은 모모'는 백이·숙제를 가리키고, '양나라 사신을 꺾어 버리고 바다의 섬에서 고고하게 산 사람'은 제나라 노중련魯仲連을 가리키고, '진나라 처사 모'는 도잠陶潛을 말하고, '송나라 소보 모'는 송나라 때 충신 문천상文天祥을 가리킨다. 이들은 모두 절의를 지킨 인물이다. 윤주하는 모리재에 은거한 정온을 이런 역사적 인물들과 같은 맥락에서 이해하며, 이들이 보여 준 대의를 천명하여 이런 도를 지켜 천운이 회복되기를 기다리자고 다짐하고 있다. 도가 무너지고 나라를 빼앗기는 암울한 시대를 살면서 이들은 이처럼 도를 지키는 것을 사명으로 여겼다.

곽종석郭鍾錫은 1899년 「모리기행록발」을 지었는데, 그중에 일부를 인용해 본다.

> 아! 슬프다. 모세某歲 봄에 내가 여러 벗들과 모리에서 계회를 하였다. -중략- 이에 내가 말하기를 "-중략- 지금 선생께서 '모리'라고 이름을 붙인 본의를 따르면, 이군이 우리의 성을 모라 하고, 우리의 이름과 자를 모라 하고, 우리의 나이를 모라 하고, 우리의 향리를 모라 하여 일체 피하여 표출하려 하지 않은 것이 모사某事를 위한 까닭임을 알 것입니다. 각자 선생께서 시퍼런 칼로 배를 가르신 그 뜻을 되새기며, 모두 꽃과 나뭇잎으로 시절의 변화를 아신 그 슬픈 마음을 느껴 강상과 의리가 마음속에서 없어지지 않고 오래오래 밝아 원근을 막론하고 천하사람 모모로 하여금 이 마음을 함께하게 한다면, 인심이 안정되어 천지의 분하고 답답한 기운이 혹 펴질 수 있는 기회가 올 것입니다. 그리하여 일월이 그로써 새로워지고, 산하가 그로써 다시 태어나 모든 구역의 만물들이 모두 먹구름을

걷어 내고 더러움을 씻어 버리고서 기쁘게 춤추며 스스로 새로워질 것입니다. 그러면 모모라고 한 사람들이 비로소 가슴을 열고 기상을 펴며 기쁜 얼굴로 환한 표정을 지으며 성명을 말하고 나이를 따질 것입니다. 그리하여 자기 향리에서 편안히 살면서 자신을 드러내 밝혀 피하지 않고 삶을 즐겨 불행함이 없게 되면, 통쾌하지 않겠습니까?"라고 하자, 모두들 눈물을 훔치고 팔을 내저으며 일어서서 말하기를 "그렇습니다."라고 하였다.[42)]

이들이 모리재에서 계회를 한 이유는 '떳떳한 인륜을 지닌 사람들로 하여금 선생에 대한 생각을 그치지 말고 춘추의 법을 하루도 잊지 말기를 바라고자 한 것이다.'라고 한 데서 분명히 알 수 있다. 이들은 나라가 풍전등화처럼 위태롭고 도가 망해가는 세상을 만나 의리를 밝혀 전함으로써 떳떳한 인륜을 부지하려고 이런 거사를 한 것이다.

곽종석의 문인으로 진주에 살던 하겸진河謙鎭, 1870-1946은 1890년 정온의 후손 정동균鄭東均이 모리로 돌아가는 것을 전송하며 써준 글에서 다음과 같이 말하고 있다.

선생께서 미련 없이 남쪽으로 내려오셔서 모리에 집을 짓고 사신 것처럼 하지 않는다면, 무엇으로 천하 만세에 말을 하겠는가? 강상이 그로써 세워지고, 난신적자들이 그로써 두려워하였으니, 그 충성스럽고 위대한 공렬이 얼마나 장대한가. 그렇다면 『춘추』의 대일통大一統은 전적으로 여기에 있다고 해도 불가할 것이 없다. 만일 천심이 화를 내린 것을 뉘우쳐 선생의 유풍과 여운으로 하여금 성대하게 온 세상에 흘러넘쳐 없어지지 않게 한다면, 이 마을은 곧 변도汴都의 마을이 될 것이고, 이 백성은 곧 숭정연간의 백성이 될 것이니, 어찌 성대하지 않겠는가?[43]

'변도汴都'는 송나라 때 수도 개봉開封을 가리키니, 문명이 있는 곳을 의미한다. '숭정연간'은 의리가 통하던 명나라 때를 말한다. 하겸진도 춘추대의를 지켜야 후대에 그 문명을 회복할 수 있다는 생각을 굳건히 하여 도를 지키고자 하는 의지를 굳게 다짐하고 있다.

이상에서 살펴본 것은 모두 남인계 한주학파寒洲學派• 인사들이 의리정신을 고취하기 위해 모리재를 찾아 계회를 한 내용이다. 이와 비슷한 시기 기정진奇正鎭의 문하에서 수학한 경상우도 노사학파蘆沙學派• 인물들도 모리재를 찾아 유사한 모임을 가졌는데, 권운환權雲煥, 1853-1918이 「모리기행록」을 짓고, 정면규鄭冕圭, 1850-1916가 후지後識를 썼다. 후지에 아래와 같은 내용이 있다.

대체로 선비가 도에 대한 관계는 신하가 나라의 임금에 대한 관계와 같다. 오랑캐에 붙으면서 신하가 되려는 자는 임금을 위해 죽기를 생각지 않을 것이니, 이런 사람은 신하가 아니다. 사람이 짐승으로 변했으면서도 선

• 한주학파寒洲學派

영남 퇴계학파의 일맥인 성주에 살던 한주寒洲 이진상李震相, 1818-1886의 학문을 계승한 학파를 말한다. 한주학파의 대표적인 학자로는 허유許愈, 곽종석郭鍾錫, 이승희李承熙 등이 있다.

• 노사학파蘆沙學派

기호학파의 일맥으로 전남 장성에 살던 노사蘆沙 기정진奇正鎭, 1798-1879의 학문을 계승한 학파를 말한다. 경상우도 노사학파의 대표적인 학자로는 조성가趙性家, 최숙민崔琡民, 정재규鄭載圭 등이 있다.

비가 되려는 자는 도를 위해 죽기를 생각지 않을 것이니, 이런 사람은 선비가 아니다. 오늘의 일은 유생들에게도 책임이 있다. 비록 세상에 나아가 어떤 일을 할 수는 없더라도, 이번 유람은 두문불출하며 지행知行을 높이 하는 사람에게 비웃음을 당할 일이다. 그런데 이를 사양하지 않은 이가 있으니, 바로 호군이다. 이 기행록을 돌려주려 하면서 붓을 휘둘러 이런 말을 적어 둔다. 세상에는 도를 걱정하는 군자가 있을 것이니, 그런 분들에게 질정하고자 한다.[44]

이들은 을사늑약 직후 이 모임을 가졌던 듯하다. 이들은 정온의 유적지에 가서 그 정신을 되새기며 울분을 달래고 싶어 모리를 찾아갔다. 바로 그런 비분강개한 마음을 노사학파 학자들도 한주학파 학자들과 동일하게 갖고 있었다.

이상에서 살펴본 것처럼 19세기 말 경상우도 유학자들은 나라가 망하고 도가 무너지는 세상을 바라보면서 도를 부지하고 의리를 고양시키는 것을 사명으로 인식했다. 그것을 통해 다시 나라를 되찾고 문명의 세상을 회복하고자 한 것이다.

분설담噴雪潭

비단을 펼쳐 놓은 듯한 분설담

분설담은 모암정에서 5.3㎞쯤 상류로 올라간 창선리 협곡 시내에 있다. 분설담은 평평한 너럭바위에서 하얀 물방울을 내뿜으며 시냇물이 쏟아져 내리는 못이다. 인근에 우거하던 송준길宋浚吉, 1606-1672이 바위에 '제일동第一洞'·'분설담噴雪潭' 등의 글씨를 새겨 넣었다고 한다.

조선 후기 원학동을 찾는 사람들은 수승대와 갈천의 유적지, 그리고 모리재가 주요 유람 경로였기 때문에 분설담 위에 있는 사선대를 찾아 나선 유람객이 아니면 분설담까지 유람하지 않았다. 그런 탓인지 분설담을 읊은 시는 2수밖에 보이지 않는다.

온 골짜기가 울퉁불퉁한 바위인데,
가장 큰 구경거린 그중에서 분설담.

분설담. ©김종길

퍼져 흐르는 시냇물은 비단을 펼친 듯,
튀는 물결은 온화한 남기가 떨어지는 듯.
흡사 조계曺溪를 찾아온 듯 착각이 들고,
어찌 보면 우혈禹穴을 찾아온 듯하기도.
안의삼동 빼어난 명승 진실로 알겠으니,
기이한 절경이 영남에서 제일이라네.

全壑盤陀石 宏觀噴雪潭
散流垂布練 飛沫落和嵐
正擬曺溪訪 翻成禹穴探
信知三洞勝 奇絶冠山南[45)]

이 시는 신좌모가 지은 것이다. 시인은 분설담에 이르러 아름다운 경관에 감탄하며 영남에서 제일 빼어난 명승이라 말하고 있다. 이 시에 보이는 '조계'는 중국 광동성 곡강현曲江縣에 있는 시내이며, '우혈'은 하나라 우임금의 장지葬地로 절강성 회계산會稽山에 있다. 두 곳 모두 중국에서 산수가 빼어난 곳으로 이름난 명승이다. 이 시를 보면, 너럭바위 위로 하얀 물방울을 뿜어내는 모습이 마치 하얀 비단을 펼쳐 놓은 것처럼 연상된다.

다음 시는 진주에 살던 강수환姜璲桓, 1876-1929이 지은 것이다.

요란하게 쏟아지는 하얀 물결 때 묻지 않았는데,
다시 보니 밝고 깨끗한 월성계곡이 새롭구나.
비로소 알겠네 이 몸이 옥구슬 속에 있는 줄,
나도 또한 훌훌 날아 천상의 인간이 되리라.

雷雪紛紛不染塵 更看皎潔月星新
始知身在瓊瑤窟 我亦飄然天上人[46)]

강수환은 곽종석의 문인으로 일제강점기를 살면서 도가 무너져가는 것을 누구보다 가슴 아파한 사람이다. 제2구를 보면 분설담의 때 묻지 않은 하얀 물결을 바라보면서 이 계곡의 깨끗하고 산뜻한 이미지를 새롭게 느끼고 있다. 그래서 자신은 한 점 티끌도 없는 신선세계에 와 있다고 자부하며, 속세의 인간이 아니라 천상의 인간이 되기를 원하고 있다. 현실을 얼마나 답답하게 여겼으면 이처럼 푸념을 했을까.

송준길宋浚吉이 노닐던 곳

송준길은 이이李珥의 학통을 이은 김장생金長生의 문인이다. 그는 병자호란 직후 분설담 인근 마을에 우거하였는데, 이곳의 산수를 사랑하여 늘 찾아와 노닐었다고 한다.

진주에 살던 하달홍은 이곳을 유람하고서 「유월성기遊月城記」를 남겼는데, 월성계곡의 모습을 생생하게 그려 내고 있다.

> 모리에서 작은 시내를 건너 10여 리쯤 올라가면 두 길이 나온다. 그중 하나는 북쪽으로 나 있는데 산수동으로 가는 길이다. 날이 저물어 그곳으로 들어갈 수 없었다. 또 하나는 조금 서쪽으로 가다가 남쪽으로 나 있는데, 이 길을 따라가면 월성동이 나온다. 동네 입구에 못이 있는데, 모양이 깨진 항아리가 기우뚱하게 서 있는 듯하였다. 그 위에는 반석이 있는데, 반질반질한 바위가 평평하게 펼쳐져 있어 수십 명이 앉을 수 있다. 튀는 물결이 서로 흩날려 마치 안개인 듯 구름인 듯하다. 그런데다 물이 졸졸 흐르기도 하고, 콸콸 흐르기도 하여 그 소리가 그윽하였다. 이곳에는 동춘당同春堂 송문정공宋文正公:宋浚吉이 손수 쓴 '분설담噴雪潭'이라는 글자를 새겨 놓았는데, 지금까지 새겨 놓은 글자가 완연하다.[47]

하달홍이 묘사한 것처럼, 분설담은 반석 위로 물이 흐르며 하얀 물방울을 뿜어내는 것이 장관인 명승이다. 그런데 지금은 시냇가에 높은 축대를 쌓고 도로가 나서 그런지 경관이 그렇게 빼어나 보이지 않는다. 아마도 옛날 선인들이 본 분설담 경관은 이렇지 않았을 듯하다.

사선대四仙臺

사선대의 본래 이름은 송대松臺

분설담에서 도로를 따라 5㎞쯤 더 올라가면 협곡 오른쪽에 사선대四仙臺가 나오는데, 일명 송대松臺라고도 한다. 사선대라는 이름은 바위가 4층으로 되어 있고, 4명의 신선이 바둑을 두었다는 전설에 의해 붙여진 것이다. 송대라는 이름은 바위에 소나무가 자라나서 우뚝한 이 대의 기상과 잘 어울리기 때문에 붙여진 이름이다. 하단에 '사선대四仙臺'라는 각자가 있는데, 경상도 관찰사 김양순金陽淳, 1776-1840이 썼다고 전한다.

송대라는 이름에는 두 가지 설화가 전한다. 하나는 송준길이 이 근처에 은거하였기 때문에 '송기宋基' 또는 '송대宋臺'라는 이름이 붙여졌다고 하는 설이다. 그러나 공식적으로 송대宋臺라는 명칭이 문헌기록에 보이지 않기 때문에 송대宋臺가 송대松臺로 바뀌었다는 설은 미심쩍다. 다른 하나는 남명 조식曺植이 노닐던 곳에 후학들이 대를 쌓고 사당을 짓고서 소나무를 심었기 때문에 송대라고 불렀다는 설이다. 이 설은 허강許堈, 1614-1667이 지은 「송대기松臺記」를 통해 확인할 수 있다.

> 이 대를 송대松臺라 이름 한 것은 대 위에 소나무가 있는 것을 기록해 놓은 것이다. 옛날에 물건이 있으면 곧바로 이름을 붙여 표시하여 잊지 않았다. 이 대에 송대라는 이름이 붙은 것도 이런 뜻을 취한 점이 있다. 아! 이 대의 이름이 어찌 우연히 붙여진 것이겠는가. 옛날 우리 남명南冥 선생은 왕후를 섬기지 않고 물외의 세계를 노니셨는데, 일찍이 이곳을 왕래하면서 휴식하는 장소로 삼으셨다. 선생이 돌아가신 뒤 후인들이 선생을 생각하는 마음이 지극하여 사당을 세우고 돌로 축대를 쌓고 소나무를 주변에 심고서 송대라고 이름을 붙였다. 이 대의 이름은 이로부터 비롯된 것이다. 그런데 한 번 사당이 옮겨지고 난 뒤에는 이 대가 잡초에 뒤덮이고 여우와 뱀이 깃들어 사는 곳이 되었다. 그러니 이 대에 왕래하며 오르는 자들치고 그 누군들 애석해하지 않았겠는가.[48]

허강은 남명학파의 일원인 듯하다. 작자는 송대라는 명칭이 조식이 노닐던 곳을 후학들이 기념하기 위해 사당을 짓고 대를 쌓고 소나무를 심었기 때문에 붙여진 이름이라 하고 있다. 그렇다면 송대 주변에 사당이 있었고, 그 주변에 소나무를 심었기 때문에 송대라는 이름을 갖게 된 것이리라. 조식은 소나무를 워낙 좋아하여 가는 곳마다 소나무를 심었다고 하는데, 이런 점을 감안하면 설득력이 있다.

허강이 「송대기」를 쓴 해가 1664년이니, 조식을 제향하는 사당이 이곳에 있었다는 사실을 분명히 알고 있었을 것이다. 그런데 사당이 옮겨지고 그 자리를 보존할 사람이 없어졌다는 것은 인조반정 이후 남명학파가 침체된 시대적 분위기를 말해 준다. 그리하여 조식이 유식遊息한 장소로서 사당까지 세워 추숭하였던 옛날이야기는 사람들의 머릿속에서 서서히 잊히기 시작한 것으로 보인다. 그리고 그 인근에 기호학파 송준길이 우거함으로써 그와 관련된 이야기만 전해지게 된 것으로 추측된다.

이 대에는 송대와 사선대라는 두 가지 명칭이 있는데, 위와 같은 기록을 참조하면 송대가 원래 명칭이었을 것이다. 사선대라는 명칭은 바위의 모양이 4개의 층층바위로 되어 있어 생긴 것이다. 조선 시대 화가가 그린 그림이 2점 남아 있는데, 이름이 모두 송대로 되어 있다. 이를 보아도 이 대의 정식 명칭이 종래 송대였다는 사실에 의심의 여지가 없다.

송대松臺를 그린 그림

조선 시대 화가가 그린 송대도는 2점이 남아 있다. 하나는 김윤겸金允謙, 1711-1775이 그린 『영남기행화첩嶺南紀行畵帖』에 있는 것이다. 이 송대도는 상단에 '송대松臺'라는 글씨와 낙관이 있다. 이 그림은 현재 동아대학교 박물관에 보관되어 있다. 이 송대도는 너럭바위 위로 시냇물이 쏟아져

김윤겸, 「송대」, 동아대학교박물관 소장.

흐르고, 사선대 바위 위에 소나무가 그려져 있다. 송대도를 그린 김윤겸은 풍속화를 잘 그렸는데, 1772년에 진주 소촌찰방召村察訪으로 재직할 적에『영남기행화첩』을 남겼다.

다른 하나는 김희성金喜誠, 1699-?이 그린 것이다. 이 그림 상단 왼쪽에 '안음송대역기심安陰松臺亦奇甚'이라는 글씨가 있다. 표암豹菴 강세황姜世晃, 1713-1791의 글씨로, 그 왼쪽에 호와 낙관이 찍혀 있다. 김희성은 일명 김희겸金喜謙이라고도 하며, 호는 불염재不染齋이다. 그림은 사선대를 중심으로 그렸고, 사선대 왼쪽 옆에 소나무를 그려 넣었다.

소나무가 꿋꿋이 서 있는 대

송대를 노래한 시도 여러 편 발견된다. 곽종석郭鍾錫은 「송대」라는 제목으로 아래와 같은 시를 남겼다.

> 한 해를 돌아보면 소나무는 가을이 없네,
> 산에 버티고 섰는데 바위를 움켜쥐었구나.
> 사람들은 너의 깊은 뜻을 알아채고서,
> 푸른 절벽에 누운 너를 걱정하지 않네.
>
> 閱歲松無秋 撑山石有力
> 人情知汝深 不怕臥青壁[49]

사선대 소나무. ©김종길

이 시는 송대의 바위틈에 난 소나무를 형상화한 것으로 비장미가 있다. 사계절 중 가을은 만물이 성숙하여 시드는 철이다. 그런데 소나무는 가을에도 잎이 시들지 않고 그대로이다. 작자는 그 이유를 척박한 자연 환경 속에서 살아남기 위해 뿌리가 바위를 단단히 움켜쥔 모습에서 발견한 듯하다. 그래서 절벽에 비스듬히 누운 자세로 살아가는 소나무를 통해 존재의 의미를 환기시키고 있다. 아마 작자는 이 소나무를 보면서 당면한 현실 속에서 나약해지는 의지를 다시 곧추세우려 한 듯하다.

칠곡에 살던 이동급李東汲, 1738-1811은 송대에 이르러 장편고시를 지었는데, 앞부분을 인용해 본다.

그윽하고 깊숙한 원학동 골짜기,
수석이 모두 기이하고 빼어나네.
근원으로 거슬러 십리 협곡 올라가니,
굽이굽이 모두 옥구슬의 명승일세.
옅은 물보라에 바람소리 우레 소리,
옥구슬 구르는 듯 거문고 비파 소리.
죽순 바위 초입에 기이하게 서 있어,
안과 밖이 모두가 황홀한 선경일세.
구름 낀 절벽은 냇가에 높이 솟았고,
서리 맞은 언덕은 아래에 벌여 섰네.
그 가운데 백 장이나 되는 바위 있고,
그 위에 소나무 한 그루 꿋꿋이 서 있네.
그 때문에 세상에 그 이름이 전해져서,
비로소 송대라고 불리게 되었다네.
온 골짜기 한 조각 흙더미도 보이지 않고,
오로지 하얀 바윗돌만 한결같이 깨끗하네.
물은 밝은 거울처럼 깨끗하고 깨끗하며,
돌은 천지를 덮은 눈처럼 희고 희구나.

幽深猿鶴洞　水石儘奇絶
溯源十里峽　曲曲瓊瑤窟
噴薄鳴風雷　鏗鏘響琴瑟
筍巖初啓奇　內外俱怳惚

사선대. ©김종길

김희성, 「안음송대」, 도쿄국립박물관 소장.

雲壁傍岧嶢 霜厓下離列
中有百丈石 其上孤松茁
因是名於世 肇錫松臺曰
全壑無片土 白石一色潔
皎皎如明鏡 皓皓如鋪雪[50]

이 시는 작자의 문학적 재능을 한껏 발휘한 작품으로, 송대 주변의 모습을 잘 그려 내고 있다. 시인은 사선대가 있는 계곡을 선경으로 묘사하면서 백 길이나 되는 바위 위에 꿋꿋하게 서 있는 소나무를 상징물로 포착하여 이 바위가 송대라고 일컬어지게 된 점을 노래하고 있다. 이것이 바로 이 송대의 상징적인 특징이다.

신선이 노닐던 곳

한편 송대라 하지 않고 사선대로 본 이들은 이곳을 신선이 내려와 노닐던 곳으로 인식하고 있다. 김돈金墩, 1702-1770은 다음과 같이 노래하였다.

네 층의 기이한 바위가 허공에 솟구쳤는데,
신령스런 바람소리 마을에서 뚝 떨어진 곳.
오래도록 신령한 구름 대 위에서 호위했으니,
왕자교王子喬·조선온曹仙醞이 때로 내려왔으리.

四岬奇巖出半天 靈飆颯颯絶人煙

浩劫神雲臺上衛 也應時降王晝仙[51]

이 시에 보이는 '왕자교'는 주나라 영왕靈王의 태자 진晉으로, 왕에게 직간을 하다가 미움을 받고 폐해져 서인이 된 인물이다. 그는 피리를 잘 불어 봉황새 소리를 냈는데, 도사 부구공浮丘公을 만나 학을 타고 산꼭대기로 올라가 그곳에서 살았다고 한다. 여기서는 송대가 높은 바위이기 때문에 왕자교 같은 사람이 살 만한 곳이라는 의미로 쓰였다. '조선온'은 바람을 타고 하수河水를 건너 바위굴로 들어가 토인土人이 되었다고 하는 신선이다. 여기서는 높은 바위벼랑의 굴속에 사는 신선을 의미한다. 이처럼 시인은 사선대를 신선이 살던 곳으로 한껏 묘사하고 있다.

기호 지방의 학자 송내희宋來熙, 1791-1867는 다음과 같이 노래했다.

숨을 쉬며 은근히 상천세계로 통하는 곳,
신선의 발자취 어렴풋해 있는 듯 없는 듯.
만약 수석의 아름다움이나 구경하려 했다면,
평지에서 편안히 구경하는 늙은이 되었으리.

呼吸隱然上界通 仙蹤怳惚有無中
若將水石供淸翫 平地猶堪作逸翁[52]

시인은 이곳을 하늘로 통하는 곳으로 보며 신선의 발자취를 찾고 있다. 천상에서 신선이 내려와 노닐던 곳으로 여기기 때문에 수석의 아름다움보다는 선계로 오를 상상을 하고 있다.

원학동,

무엇을 볼 것인가

송대

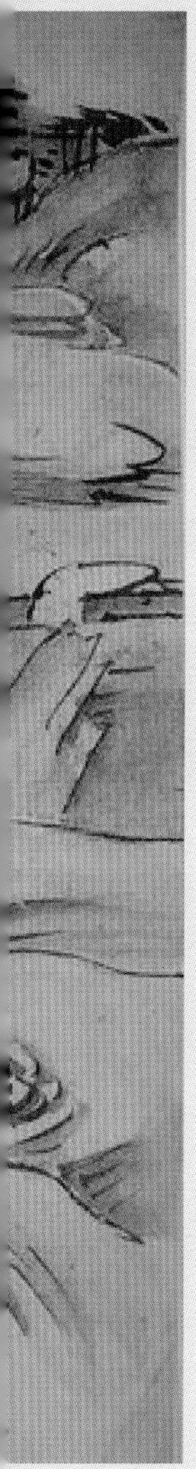

가섭동폭

안음송대

가섭암

마리면 삼거리(1970년대 추정). ©거창군청

수승대(1939년). ©거창군청

사선대(18세기). 김윤겸.

오늘날의 수승대. ©거창군청

수승대(1953년). ©거창군청

수승대(1954년). ©거창군청

원학동, 무엇을 볼 것인가

원학동의 꽃인 수승대는 국민관광지가 되어, 갈 때마다 사람들로 인산인해를 이룬다. 그런데 대부분의 관광객들이 하얀 너럭바위에서 아름다운 산수와 수승대를 구경하며 감탄을 연발하거나, 그런 경관을 배경으로 사진 찍기에 분주하다. 스마트 시대가 되어서인지 모두 스마트폰을 꺼내 들고 사진 찍는 일에 열중할 뿐 정작 수승대에 새겨진 글자에 눈길을 주는 사람은 거의 찾아볼 수 없다. 간혹 그런 사람이 있기는 하지만 글자를 제대로 읽지 못한다. 한자를 가르치지 않아 국민을 문맹으로 만들었기 때문이다.

많은 사람들이 수승대를 보고 돌아가서 주변 사람들에게 자랑스럽게 말할 것이다. 나는 수승대를 보았노라고. 그러나 그들이 얻은 소득은 몇 장의 사진이 전부일 것이다. 이런 여행도 소득이 없다고는 말할 수 없다. 그러나 장님이 남대문을 보았다고 자랑하는 것과 무엇이 다를까.

원학동은 조선 시대 선비들이 가장 가 보고 싶어했던 남도의 최고 명승이었다. 이곳은 산수가 아름다울 뿐만 아니라, 선현들의 정신이 담겨 있다. 그래서 세속에서 멀리 떨어진 무릉도원의 이미지뿐만 아니라, 인문정신이 깃든 인문학의 현장이기도 하다. 우리는 이러한 원학동에 가서 무엇을 보아야 할까? 내 마음을 살찌우는 소득 있는 여행이 되려면 어떻게 해야 할까? 이런 질문을 하면서 유홍준 교수가 "아는 것만큼 보인다."라고 한 명언을 다시 되새겨 본다.

원학동에 가서 명승지에 깃든 선현들의 마음과 정신을 알지 못하면, 그것은 껍데기를 보는 것에 불과하다. 특히 선현의 유적이 깃든 곳을 답사할 적에 그 선현을 만나지 못하면, 눈으로 건물이나 유물을 구경하고 돌아올 뿐이다. 눈으로 보는 외적 대상에 시선을 머물지 말고, 그 사물에 담긴 진리나 정신을 마음으로 느낄 때, 비로소 우리의 눈이 밝아져 더 넓고 깊은 세계를 만나게 된다.

원학동은 산수가 빼어난 곳이며, 선현들이 남긴 정신문화가 가득한 인문학의 보고이다. 그러기에 우리가 원학동을 유람할 적에는 먼저 산수를 통해 무엇을 배울 것인가를 생각할 필요가 있다. 그래서 필자는 먼저 산수를 통해 진리를 깨달은 성현의 말씀에 먼저 귀를 기울이고자 한다.

공자孔子는 산과 물을 보고 사람의 본성인 인仁과 지智를 읽어 낸 분이다. 공자는 "지혜로운 사람은 물을 좋아하고, 어진 사람은 산을 좋아한다."라고 하였다. 이 말을 요즘 사람들은 산수를 좋아하는 정도로만 이해하고, 그 말의 본의本意가 무엇인지를 생각하지 않는다. 공자의 이 말씀은 무엇을 말한 것일까?

주자朱子는 이 문구를 해석하여 "지혜로운 사람은 사리에 통달하여 두루 흘러가며 정체하지 않아 물과 유사한 점이 있기 때문에 물을 좋아한다. 어진 사람은 의리에 편안하여 중후하고 장중해서 움직이지 않아 산과 유사한 점이 있기 때문에 산을 좋아한다."[1)]라고 하였다. 주자는 공자가 산을 보고 인仁을 생각하고, 물을 보고 지智를 생각한 것을 이와 같이 풀이하였다. 즉 눈으로 보는 산과 물을 통해 그 이면의 이치인 산수의 본질을 읽어낸 것이다. 산수는 우리가 눈으로 보는 대상물이다. 그러나 그 속에는 인간의 덕성과 유사한 이치가 있다. 그것을 읽어 낸 분이 바로 성인 공자이다.

공자는 시냇물을 볼 때마다 "흘러가는 것은 이와 같구나. 밤낮으로 쉬지 않고 흐르는구나."라고 하였다. 이에 대해 맹자는 공자가 근본을 생각한 것이라고 풀이하였다. 눈앞에 보이는 시냇물은 근원이 있는 샘에서 끊임없이 흘러나오기 때문에 쉬지 않고 부단히 흘러간다. 공자는 바로 물의 근본을 생각한 것이니, 산수를 보고 인간의 본성인 인지仁智를 생각한 것과 같은 말이다. 그래서 맹자는 공자처럼 인식하는 것을 '물을 보는 방법'이라고 하였다.

조선 시대 우리 선인들은 산수가 좋은 곳에 은거하여 산수를 통해 천리天理를 체득하여 성명性命을 온전히 하는 삶을 지향하였다. 예컨대 임억령林億齡, 1496-1568이 성수침成守琛에게 준 시에 "항상 생각하시기를 산수의 한 구역을 빌어, 일신을 수양하기를 단지 취했을 뿐."[2]이라고 한 것이나, 성운成運, 1497-1579이 박영朴英을 제사한 제문에 "산과 물을 좋아하여 사물을 완미하며 천리를 관찰하셨네."[3]라고 한 말에서 그런 정신을 읽을 수 있다.

또한 그분들은 산수가 좋은 곳을 유람할 적에도 아름다운 산수를 감상하는 데 목적을 두지 않고, 산수를 통해 인지仁智를 발견하는 데 의미를 두었다. 그러기에 그들은 산수 유람을 인지지락仁智之樂이라 하였다. 즉 산수를 통해 마음의 동정을 살펴 마음을 성찰하고 본성을 함양하여 본원으로 되돌리는 구도적 삶을 생각한 것이다.

원학동의 은자 임훈林薰은 산수를 찾는 것에 대해 다음과 같이 언급하였다.

> 산수는 천지간의 하나의 무정물無情物이지만, 산에는 후중厚重한 덕이 있고, 물에는 주류周流하는 덕이 있으니, 실로 사람의 인지지락仁智之樂에 근본이 되는 점이 있다. 그러므로 도를 구하는 세상 사람들은 요순과 공자에게서만 도를 구할 뿐만 아니라, 산수에 나아가서 도를 구하지 않은 적이 없다.[4]

임훈은 성현의 책 속에서만 도를 구하지 말고, 산수에 나아가 도를 직접 체득해야 한다는 점을 말하고 있다. 그러니까 책에서 배운 도리를 현장에서 산수를 통해 체득하라는 것이다. 여기서 임훈이 말하는 산수는 자연경관만을 말하는 것이 아니다. 바로 공자가 말씀한 요산요수의 인지仁智를 염두에 두고 한 말이다.

이황李滉도 요산요수를 지향하는 사람들이 산수의 아름다움만 보고 자신의 심성을 돌이켜 보지 못할까 염려하여 다음과 같이 말하였다.

> 그러므로 나는 생각건대, 인지지락의 본지를 알고자 하면 인자仁者·지자智者의 기상氣象·의사意思를 구해야 한다. 인자·지자의 기상·의사를 구하고자 하면 또한 어찌 다른 데서 구하겠는가. 내 마음에 돌이켜서 그 실질을 터득할 따름이다. 내 마음에 인지仁智의 실상을 소유하여 마음속에 충만히 해서 밖으로 발양하게 하면, 절실히 구하기를 기다리지 않더라도 저절로 그런 즐거움이 있을 것이다.[5]

이황은 아름다운 산수만 보고 인지仁智를 마음속에서 찾아 충만하게 확충해 나가지 않으면, 그것은 외양을 구하는 데 불과하다는 점을 지적하고 있다.

이이李珥, 1536-1584는 이런 인식을 정리하여 다음과 같이 말하였다.

> 천지간에는 사물마다 각기 리理가 있다. 위로는 일월성신日月星辰으로부터 아래로는 초목산천草木山川에 이르기까지, 그리고 미미한 술의 지게미나 불에 타다 남은 것에 이르기까지 모두 도체道體가 깃들어 있어서 지극한 가르침 아닌 것이 없다. 사람들이 조석으로 보면서 그 이치를 알지 못하면 보지 않은 것과 무엇이 다르겠는가. 금강산을 유람하는 사인士人들도 눈으로 산수를 보는 것일 뿐이니, 산수의 지취志趣를 깊이 알지 않으면 일반인들이 일상에서 보면서도 모르는 것과 다를 것이 없다.[6]

이이가 생각하는 산수지취山水之趣는 산수에 깃들어 있는 도체를 깊이 터득하여 아는 것이니, 감각기관으로 산수를 즐기는 것이 아니라, 마음으로 천리를 체득하는 것이다. 그가 「우음偶吟」이라는 시에서 "산수의 흥취를 찾아서가 아니라, 나의 참된 본원을 온전히 하려는 것. 사물과 내가 하나의 본체로 합하면, 누가 주인이 되고 누가 객이 되리."[7]라고 한 것을 보면, 도체는 하늘이 부여한 나의 본성임을 알 수 있다.

이처럼 16세기 학자들은 산수를 심미적인 관점으로만 보지 않고 도체를 체득하여 내 본성의 인지仁智를 관조하는 대상으로 보았다. 따라서 이들이 말하는 산수지취山水之趣·인지지락仁智之樂은 산수를 통해 도를 체득하여 내 본성을 회복하는 것이었다.

또한 조식曺植은 이를 일상에서 실천하여 아래와 같이 읊었다.

온 몸에 사십 년 동안 쌓인 티끌,
천 섬 맑은 물에 다 씻어 버렸네.
티끌이 오장육부 속에 다시 생기면,
곧바로 배를 갈라 저 물에 씻어 내리.

全身四十年前累　千斛淸淵洗盡休
塵土倘能生五內　直今刳腹付歸流[8]

이 시는 거창 감악산甘岳山 아래 포연鋪淵이란 곳에서 목욕을 하고 느낀 점이 있어 지은 것이다. 이 시를 보면 몸에 쌓인 때를 씻어 내는 데서 그치지 않고, 마음속의 티끌을 깨끗이 씻고자 하는 정신을 알 수 있다. 이것이 산수를 유람하는 선현들의 마음이었다.

선조들의 이러한 고귀한 정신을 알아야 산수 유람을 하면서 실질적인 소득이 있을 것이다. 그러므로 나는 이 책을 쓰면서 선현들의 시문을 통해 명승에 깃든 이런 정신을 드러내는 데 주안점을 두었다. 이것이 필자가 산수 유람을 떠나는 이들에게 꼭 전해 주고 싶은 말이다.

원학동은 세속에서 떨어진 무릉도원 또는 신선세계라는 이미지가 있다. 또한 산수가 아름답게 어우러져 어느 곳보다 경관이 빼어난 곳이 많다. 그런데다 명현들의 발자취와 정신이 깃들어 풍부한 인문정신을 내포하고 있다. 그래서 조선 시대 선비들의 답사일번지가 될 수 있었다. 지금도 마찬가지이다. 힐링을 외치는 시대에 진정한 힐링을 원한다면 탈속적 경계인 원학동에 가서 선현들을 만나 마음껏 회포를 풀 수 있으니, 오늘날에도 단연 답사일번지로 손꼽을 수 있다.

또 하나, 산수 유람을 할 적에 염두에 두어야 할 명언이 있다. 조식은 1558년에 벗들과 함께 지리산 쌍계사 방면을 유람하고 「유두류록遊頭流錄」이라는 글을 남겼는데, 이 글에서 다음과 같이 말하고 있다.

> 내가 이번 유람에서 높은 산과 큰 내를 보아 오면서 소득이 없었던 것이 아니다. 그러나 한유한韓惟漢 · 정여창鄭汝昌 · 조지서趙之瑞 세 군자를 높은 산과 큰 내에 견주어 본다면, 십 층의 산봉우리 위에 다시 옥 하나를 더 얹어 놓은 격이고, 천 이랑의 물결 위에 둥그런 달 하나가 비치는 격이라

하겠다. 바다와 산을 거치는 3백리 여정 동안 세 군자의 자취를 하루 사이에 보았다. 물을 보고 산을 보고, 그리고 고인을 보고 그들이 살던 세상을 보았다.[9)]

필자는 『남명집』을 읽다가 이 구절에 이르러 한동안 책을 덮고 깊은 생각에 잠긴 적이 있다. 그러면서 진정한 여행이란 바로 이런 것임을 깨달았다. 특히 '물을 보고 산을 보고, 그리고 고인을 보고 그들이 살던 세상을 보았다.'라는 구절은 만고의 명언이다. 산수 유람을 하면서 선현의 유적이 있는 명승을 탐방할 적에, 조식의 이 말씀은 금과옥조처럼 다가온다. 산수의 아름다운 경관을 구경하는 데서 그치지 말고, 그 산수에 깃든 고인을 만나 그들의 정신을 엿보고, 다시 그들이 살던 세상을 떠올리며 그 시대 문제점을 생각하고, 그리고 우리 시대를 비춰 본다면, 그 소득은 말로 다 할 수 없을 것이다.

원학동에는 산수가 빼어난 아름다운 경관이 수없이 많다. 영승 마을의 사락정, 그 위의 진동암, 금원산휴양림에 있는 문바위와 유안청폭포, 선인들이 근심을 씻어 내던 척수암, 수심으로 길 떠나는 이를 전송하던 수송대, 갈천동의 용암정과 가선정, 월성계곡의 강선대·모암정·분설담·사선대 등지에 가면, 절로 상쾌한 기분을 맛볼 수 있다. 그런 신선세계와 다름없는 곳에 가서 일상에서 찌든 때를 깨끗이 씻어 내는 것은 참으로 좋은 일이다.

그러나 그것으로 만족하지 않고, 사락정에서 이황이 말한 네 가지 전원생활의 즐거움을 다시 생각하고, 수승대에서 옛 이름 수송대의 의미를 생각하면서 이황과 임훈의 고사를 떠올리고, 갈천동에서 임훈·임운 형제의 효성과 우애를 배우고, 모리재에서 정온이 대의명분을 지키고자 한 정신과 후인들이 그곳을 찾아 춘추대의를 되새긴 역사를 돌아보며, 사선대에서 바위 위에 꿋꿋하게 서 있는 소나무를 통해 변치 않는 선비의 지절志節을 되새긴다면, 조식의 말처럼 산수를 보는 데서 그치지 않고 고인을 만나고 그들이 살던 세상을 보는 유람이 될 것이다. 그리고 그런 인식을 이 시대의 정신문화를 창조하는 데 자양분으로 삼는다면, 수준 높은 문화를 창조해 나갈 수 있을 것이다. 산수 유람의 진정성은 바로 이런 데 있다.

원학동은 산수가 아름다운 자연경관에 선현들의 정신이 깃들어 있어 인문학을 배울 수 있는 최고의 자연학습장이다. 요즘 길 위의 인문학이 인기를 끌고 있는데, 원학동은 아직도 세상 사람들의 관심 밖에 있다. 그것은 원학동의 가치를 제대로 인식하지 못하기 때문이다. 이 책을 통해 원학동이 조선 시대 선비들의 답사일번지였듯이, 다시 길 위에서 인문학을 배우는 최적의 장소로 거듭나기를 희망한다. 그래서 나는 주저 없이 길 위의 인문학 답사일번지로 원학동을 추천한다.

부록

원학동을 탐방한 조선 시대 문인학자들

주註

참고문헌

찾아보기

원학동을 탐방한 조선 시대 문인학자들

강수환 姜璲桓 1876-1929

본관은 진주, 자는 군경君敬, 호는 설악雪嶽이다. 아버지는 강영조姜永祚이며, 이종기李種杞·곽종석郭鍾錫의 문하에서 수학하였다. 저서로 『설악집』이 있다.

곽종석 郭鍾錫 1846-1919

본관은 현풍, 자는 명원鳴遠, 호는 면우俛宇이다. 경상도 단성 출신으로, 이진상李震相의 문하에서 수학하였다. 스승의 심즉리설心卽理說을 옹호하며 적극적으로 주장하였다. 1919년에 파리장서의 대표로 추대되었다. 그로 인해 2년형을 받고 옥고를 치르다 병보석으로 풀려난 뒤 얼마 안 되어 별세하였다. 저서로 『면우문집』 등이 있다.

권이진 權以鎭 1668-1734

본관은 안동, 자는 자정子定, 호는 유회당有懷堂이다. 권득기權得己의 증손으로 윤증尹拯에게 수학하였다. 문과에 급제하여 호조 판서에 이르렀다. 저서로 『유회당집』이 있다. 정온의 증손 정중원鄭重元의 부탁으로 「모리유허비某里遺墟碑」를 지었다.

권질 權礩 1483-1545

본관은 안동, 자는 사안士安이며 이황의 장인이다. 1538년에 유배에서 풀려나 원학동 입구 영승 마을에 우거하였다.

김돈 金墩 1702-1770

본관은 상산商山, 자는 백후伯厚, 호는 묵재默齋이다. 경상도 단성현 법물에 살았다. 저서로 『묵재집』이 있다.

김양순 金陽淳 1776-1840

본관은 안동, 자는 원회元會, 호는 건옹健翁이다. 김교행金教行의 손자로 문과에 급제하여 이조 판서에 올랐다. 경상도 관찰사로 있을 때 원학동을 유람하였다.

김윤겸 金允謙 1711-1775

본관은 안동, 자는 극양克讓, 호는 진재眞宰이다. 김수항金壽恒의 아들 김창업金昌業의 서자로 태어나 찰방 등을 지냈다. 정선의 진경산수화풍을 이어받은 것으로 평가된다. 대표작으로 『금강산화첩』과 『진경산수화첩』이 있다.

김인섭 金麟燮 1827-1903

본관은 상산商山, 자는 성부聖夫, 호는 단계端磎이다. 경상도 단성 출신으로, 1846년에 문과에 급제하여 사헌부 지평 등을 지냈다. 유치명柳致明과 허전許傳에게 배웠다. 저서로 『단계집』이 있다.

김장생 金長生 1548-1631

본관은 광산光山, 자는 희원希元, 호는 사계沙溪이다. 김계휘金繼輝의 아들로, 이이李珥·송익필宋翼弼에게 배웠다. 학행으로 천거되어 벼슬길에 나아가 철원부사 등을 지내다가 낙향하여 학문에 전념하였다. 이이의 학통을 계승하여 성리학과 예학을 발전시켰으며, 문하에서 송시열·송준길 등 다수의 학자들이 배출되어 기호학파를 형성하는 데 큰 영향을 끼쳤다. 저서로 『사계전서沙溪全書』·『경서변의經書辨疑』·『상례비요喪禮備要』 등이 있다.

김창흡 金昌翕 1653-1722

본관은 안동, 자는 자익子益, 호는 삼연三淵이다. 김상헌金尙憲의 증손이고, 영의정을 지낸 김수항金壽恒의 아들이며, 영의정을 지낸 김창집金昌集과 예조 판서를 지낸 김창협金昌協의 아우이다. 이단상李端相에게 수학하였다. 진사시에 합격한 뒤 과거를 단념하고 학문에 전념하며 산수 유람을 즐겼나. 형 김창협과 함께 학문과 문장으로 이름을 크게 떨친 기호학파 학자이다. 저서로 『삼연집三淵集』이 있다. 1708년에 두 달여 동안 영남을 유람했는데, 이때 안의삼동을 모두 유람하였다.

김택영 金澤榮 1850-1927

본관은 화개花開, 자는 우림于霖, 호는 창강滄江이다. 개성 출신으로 김익복金益福의 아들이다. 20대 초에 이건창 등과 교유하며 문명을 얻었고,

34세 때 김윤식金允植의 추천으로 한양에 와 있던 중국의 진보적 지식인 장건張謇과 교유하기 시작하였다. 1891년에 진사가 되었고, 1895년에 중추원 서기관을 지냈다. 1905년에 을사늑약이 체결되자, 중국 남통南通으로 망명하여 저술과 출판을 하면서 조선의 문화를 후세에 남기고자 하였다. 저서로 『창강고滄江稿』·『소호당집韶濩堂集』 등이 있다.

김희성 金喜誠 1699-?

김희겸金喜謙이라고도 하며, 본관은 전주, 자는 중익仲益, 호는 불염자不染子이다. 도화서 화원으로 화가 김후신金厚臣의 아버지이다. 1748년에 어진御眞을 개모할 때 참여하여 그 공으로 사천현감에 제수되었다. 산수화와 산수인물도로 이름이 있었다. 전하는 작품으로는 「오수청천도午睡聽泉圖」·「의수조옹도倚樹釣翁圖」 등이 있다.

남공철 南公轍 1760-1840

본관은 의령, 자는 원평元平, 호는 금릉金陵이다. 한양 출신으로, 대제학을 지낸 남유용南有容의 아들이다. 1792년에 문과에 급제하여 영의정에 이르렀다. 정조의 문체반정 운동에 동참했으며, 육경고문을 깊이 연찬하였다. 저서로 『금릉집』 등이 있다.

남규희 南奎熙 1859-1937

본관은 의령이다. 판서를 지낸 남정익南廷益의 아들이다. 1877년에 문과에 급제하여 홍문관 수찬 및 비서원승 등을 지냈다. 일제강점기에도 조선 총독부 산하기구인 중추원의 찬의贊議로 있었으며, 『고종실록』·『순종실록』의 편찬위원을 지내기도 하였다.

노진 盧禛 1518-1578

본관은 풍천豊川, 자는 자응子膺, 호는 옥계玉溪이다. 예조 참판을 지낸 노숙동盧叔仝의 증손으로, 1546년에 문과에 급제하여 예조 판서 등을 지냈다. 조식曺植을 종유하며 학문을 질정하였다. 저서로 『옥계집』이 있다.

민인백 閔仁伯 1552-1626

본관은 여흥, 자는 백춘伯春, 호는 태천苔泉이다. 1584년에 문과에 급제하여 한성부 좌윤 등을 지냈다. 저서로 『태천집』이 있다.

박명부 朴明榑 1571-1639

본관은 밀양, 자는 여승汝昇, 호는 지족당知足堂이다. 경상도 안의 출신으로 임훈林薰 등에게 수학하였다. 1590년에 문과에 급제하여 좌승지 등을 지냈다. 정온鄭蘊과 절친하게 지냈다. 병자호란 이후 낙향하여 농월정弄月亭을 짓고 은거하였다. 저서로 『지족당집』이 있다.

박민 朴敏 1566-1630

본관은 태안泰安, 자는 행원行遠, 호는 능허凌虛이다. 진주 출신으로 정구鄭逑에게 수학하였다. 성여신成汝信과 절친하게 지냈다. 저서로 『능허집』이 있다.

박인 朴絪 1583-1640

본관은 고령, 자는 백화伯和, 호는 무민당无悶堂이다. 경상도 합천 야로 출신으로, 정인홍鄭仁弘에게 수학하였다. 저서로 『무민당집』이 있다.

서상훈 徐相勛 1858-1943

본관은 대구, 자는 군필君弼이다. 예조 판서를 지낸 서정순徐正淳의 아들로, 1889년에 문과에 급제하여 홍문관 정자 등을 지냈다. 1905년에 성균관장에 임명되으며, 『고종실록』·『순종실록』의 편찬위원을 역임하였다.

성팽년 成彭年 1540-1594

본관은 창녕, 자는 이옹頤翁, 호는 석곡石谷이다. 경상도 안의현 원학동 출신으로 임훈林薰·조식曺植에게 수학하였다. 저서로 『석곡집』이 있다.

송내희 宋來熙 1791-1867

본관은 은진, 자는 자칠子七, 호는 금곡錦谷이다. 1838년에 경연관에 임명된 뒤, 대사헌 등을 거쳐 찬선贊善에 이르렀다. 저서로 『금곡집』이 있다.

송명흠 宋明欽 1705-1768

본관은 은진, 자는 회가晦可, 호는 역천櫟泉이다. 송요좌宋堯佐의 아들로, 이재李縡에게 수학하였다. 학행으로 천거되어 옥과현감 등을 지냈다. 저서로 『역천집』이 있다.

송병선 宋秉璿 1836-1905

본관은 은진, 자는 화옥華玉, 호는 연재淵齋이다. 충청도 회덕 출신으로, 송시열의 9세손이다. 백부 송달수宋達洙에게 성리학과 예학을 배웠다. 여러 차례 관직에 제수되었으나 나아가지 않았다. 1905년에 일제가 무력으로 을사늑약을 체결하자, 을사오적을 토벌하라는 상소를 올렸다. 그해 12월에 국권을 강탈당하자, 통분을 금치 못하여 유서를 남긴 채 독약을 마시고 자결하였다. 저서로 『연재집』이 있다.

송준길 宋浚吉 1606-1672

본관은 은진, 자는 명보明甫, 호는 동춘당同春堂이다. 충청도 회덕 출신으로, 송이창宋爾昌의 아들이며 김장생金長生에게 수학하였다. 1624년에 진사가 된 뒤, 학행으로 천거되어 이조 판서 등을 지냈다. 송시열과 같은 집안사람으로 정치적·사상적으로 뜻을 같이 하였다. 특히 예학에 밝았다. 저술로 『동춘당집』이 있다.

송치규 宋穉圭1759-1838

본관은 은진, 자는 기옥奇玉, 호는 강재剛齋이다. 송시열의 6대손으로, 김정묵金正默에게 수학하였다. 관직에 여러 차례 제수되었으나 모두 사양하다가 만년에 대사헌 등을 지냈다. 저서로 『강재집』이 있다.

송호문 宋鎬文 1862-1907

본관은 은지, 자는 자삼子三, 호는 수재受齋이다. 경상도 합천 출신으로, 윤주하尹冑夏에게 수학하였다. 저서로 『유하연방집柳下聯芳集』이 있다.

신권 愼權 1501-1573

본관은 거창, 자는 언중彦仲, 호는 요수樂水이다. 안의 원학동에 살았으며, 임훈의 매부로 훈도를 지냈다. 인조 때 후손 신경직愼景稷이 사우를 건립하여 향사하였는데, 숙종 때 구연서원으로 승격되었다.

신수이 愼守彛 1688-1768

본관은 거창, 자는 군서君敍, 호는 황고黃皐이다. 신권의 5세손으로, 원학동에 살았으며 이재李縡에게 수학하였다. 저서로 『황고집』이 있다.

신좌모 申佐模 1799-1877

본관은 평산, 자는 좌인左人, 호는 담인澹人이다. 1835년에 문과에 급제하여 이조 판서에 이르렀다. 저서로 『담인집』이 있다.

심상규 沈象奎 1766-1838

본관은 청송, 자는 가권可權, 호는 두실斗室이다. 이조 판서를 지낸 심성희沈聖希의 증손으로, 1789년에 문과에 급제하여 우의정에 이르렀다. 저서로 『두실존고斗室存稿』가 있다.

심육 沈錥 1685-1753

본관은 청송, 자는 화보和甫, 호는 저촌樗村이다. 영의정 심수현沈壽賢의 아들로, 정제두鄭齊斗에게 수학하여 강화학파의 중심인물이 되었다. 1705년에 진사가 된 뒤 왕자사부 등을 역임하였다. 여러 차례 벼슬에 제수되었으나 대부분 나아가지 않고 강학과 유람을 하며 지냈다. 저서로 『저촌유고』가 있다.

안덕문 安德文 1747-1811

본관은 탐진眈津, 자는 장중章仲, 호는 의암宜庵이다. 경상도 의령 설뫼 마을에 대대로 살았다. 평생 어느 학맥에 속하지 않고 조선 시대 영남 학문을 주도한 이언적李彦迪·이황李滉·조식曺植 세 선생을 모두 존경하면서 사숙하였다. 그리하여 이 세 선현을 모신 옥산서원玉山書院·도산서원陶山書院·덕천서원德川書院을 삼산서원으로 칭하고, 화공에게 서원도를 그리게 하여 집안에 걸어 놓고 보면서 늘 경모하는 마음을 가졌다. 저서로 『의암집』이 있다.

오국헌 吳國獻 1599-1672

본관은 해주, 자는 중현仲賢, 호는 어은漁隱이다. 경상도 단성에 살았다. 김장생의 문인으로 성리학과 예학에 밝았다. 저서로 『어은유고』가 있다.

오숙 吳翿 1592-1634

본관은 해주, 자는 숙우肅羽, 호는 천파天坡이다. 경상좌도 병마절도사를 지낸 오정방吳定邦의 손자로, 1612년에 문과에 급제하여 경상도 관찰사 등을 지냈다. 저서로 『천파집』이 있다.

유홍 兪泓 1524-1594

본관은 기계杞溪, 자는 지숙止叔, 호는 송당松塘이다. 형조 판서를 지낸 유여림兪汝霖의 손자로, 1553년에 문과에 급제하여 좌의정에 이르렀다. 저서로 『송당집』이 있다.

윤주하 尹冑夏 1846-1906

본관은 파평, 자는 충여忠汝, 호는 교우膠宇이다. 경상도 합천 출신으로 거창에 살았다. 이진상李震相에게 수학하였으며, 임훈과 정온을 추앙하였다. 곽종석 등과 교유하며 학문을 토론하였다. 을사늑약이 체결되자 을사오적을 처단할 것을 주청하였다. 저서로 『교우집』이 있다.

이건창 李建昌 1852-1898

본관은 전주, 자는 봉조鳳朝, 호는 영재寧齋·명미당明美堂이다. 이조 판서를 지낸 이시원李是遠의 손자로, 개성에서 태어나 강화에 주로 살았다. 15세에 문과에 급제하여 문명을 날렸으며, 수차 암행어사로 나아가 관리들의 비리를 적발하였다. 갑오경장 이후로는 관직을 사양하고 귀향하였다.

김택영金澤榮·황현黃玹 등 당대 문장가들과 어깨를 나란히 했으며, 학문은 가학을 통해 양명학을 종지로 하는 강화학파江華學派의 학풍을 이었다. 저서로 『명미당집明美堂集』·『당의통략黨議通略』 등이 있다.

이동급 李東汲 1738-1811

본관은 광주廣州, 자는 진여進如, 호는 만각재晩覺齋이다. 경상도 칠곡 출신으로, 이상정李象靖에게 배웠다. 정종로鄭宗魯·최흥원崔興遠 등과 교유하였다. 지리산 및 남쪽 지방을 유람하였다. 저서로 『만각재문』이 있다.

이만부 李萬敷 1664-1732

본관은 연안, 자는 중서仲舒, 호는 식산息山이다. 이조 판서를 지낸 이관징李觀徵의 손자로, 가학을 이어받아 정주학에 심취하였다. 근기 남인계 집안 출신으로 영남 퇴계학파 인물들과 교유하였으며, 중년에는 경상도 상주로 이주하여 학문에 전념하였다. 이익李瀷의 형들과 교유하였으며, 이익에게 학문적 영향을 미쳤다. 조식을 제향하는 덕천서원의 원장을 지내기도 하였다. 저서로 『식산집息山集』·『도동편道東編』 등이 있다.

이명상 李明翔 ?-?

구한말부터 일제강점기에 활동한 인물로, 인적 사항을 알 수 없다. 서상훈·남규희 등과 교유하였다.

이승희 李承熙 1847-1916

본관은 성산星山, 자는 계도啓道, 호는 강재剛齋·대계大溪·한계韓溪이다. 이진상의 아들로 가학을 이었다. 곽종석 등과 교유하였으며, 을사늑약이 체결되자 오적을 참수하고 조약을 파기하라고 상소를 올렸다가 수감되었다. 1908년에 러시아로 망명하여 독립운동을 전개하였다. 저서로 『한계유고』가 있다.

이시원 李是遠 1790-1866

본관은 전주, 자는 자직子直, 호는 사기沙磯이다. 정종의 아들 덕천군德泉君의 후손으로 이건창의 조부이다. 1815년에 문과에 급제하여 이조 판서 등을 지냈다. 저서로 『사기집』이 있다.

이예 李芮 1419-1480

본관은 양성陽城, 자는 가성可成이다. 1441년에 문과에 급제하여 형조 판서 등을 지냈다. 『여지도서』에는 안의 원학동 출신으로 되어 있다.

이우빈 李佑贇 1792-1855

본관은 성주, 자는 우이禹爾, 호는 월포月浦이다. 경상도 단성에 살았다. 저서로 『월포집』이 있다.

이의활 李宜活 1573-1627

본관은 여주, 자는 호연浩然, 호는 설천雪川이다. 경주 출신으로 1618년에 문과에 급제하여 흥해군수 등을 지냈다. 저서로 『설천집』이 있다.

이지용 李志容 1753-1831

본관은 성주, 자는 자옥子玉, 호는 남고南皐이다. 경상도 단성현에 살았으며, 이갑룡李甲龍에게 수학하였다. 저서로 『남고집』이 있다.

이진상 李震相 1818-1886

본관은 성산, 자는 여뢰汝雷, 호는 한주寒洲이다. 경상도 성주 출신으로, 숙부 이원조李源祚에게 배웠다. 퇴계의 성리설을 바탕으로 이일원론理一元論과 심즉리설心卽理說을 주장하였다. 저서로 『한주집』 등이 있다.

이택전 李宅銓 ?-?

원학동에 살던 인물인데 인적 사항이 자세하지 않다. 송명흠宋明欽이 원학동을 유람할 적에 그의 집에서 묵었다.

이황 李滉 1501-1570

본관은 진보眞寶, 자는 경호景浩, 호는 퇴계退溪이다. 경상도 예안현에서 출생하였다. 1534년에 문과에 합격하여 성균관 대사성 등을 지냈다. 만년에는 벼슬을 사양하고 낙향하여 학문과 강학에 전념하였다. 저서로 『퇴계집』 등이 있다.

임득번 林得蕃 ?-?

본관은 은진, 자는 연경衍卿이다. 경상도 안의현에 살았다. 임훈의 아버지이다.

임방 任埅 1640-1724

본관은 풍천, 자는 대중大仲, 호는 수촌水村이다. 평안도 관찰사를 지낸 임의백任義伯의 아들로, 송시열·송준길에게 수학하였다. 1701년에 문과에 급제하여 공조 판서 등을 지냈다. 저서로 『수촌집』 등이 있다.

임성희 林盛熙 ?-?

임영林英의 후손으로, 원학동에 살았다.

임영 林英 ?-?

본관은 은진, 호는 도계道溪이다. 임훈의 동생으로 원학동에 살았으며, '해동의 안자顔子'로 불렸는데 31세에 세상을 떠났다. 후손들이 그를 위해 도계정을 지었다.

임운 林芸 1517-1572

본관은 은진, 자는 언성彦成, 호는 첨모당瞻慕堂이다. 임훈의 동생으로 원학동에 살았으며 조식曺植에게 수학하였다. 1564년에 효행으로 정려를 하사받았으며, 1567년에 천거되어 사직서 참봉 등에 제수되었다. 저서로 『첨모당집』이 있다.

임지예 林之藝 ?-?

본관은 은진, 호는 모암帽巖이다. 임훈의 후손으로 고종 때 동지돈령부사를 지냈다. 강선대 건너편 시냇가에 모암정을 짓고 공부하였다.

임진부 林眞怤 1586-1658

본관은 은진, 자는 낙옹樂翁, 호는 임곡林谷이다. 임운의 후손으로 경상도 삼가현에 살았으며, 이흘李屹에게 배웠다. 1635년에 대군사부로 천거되었다. 저서로 『임곡집』이 있다.

임훈 林薰 1500-1584

본관은 은진, 자는 중성仲成, 호는 갈천葛川이다. 경상도 안의현 원학동에 살았다. 임득번林得蕃의 아들로, 1540년에 생원시에 합격하여 성균관에 유학하였다. 천거로 사직서 참봉 등을 지낸 뒤, 여러 차례 관직에 제수되었으나 나아가지 않고 은거하였다. 1564년에 효행으로 정려旌閭를 하사받았으며, 1566년에 경학에 밝고 행실이 닦여진 선비로 뽑혀 언양현감에 제수되었다. 이후 비례현감, 광주목사 등을 지낸 뒤 고향으로 돌아왔다. 임훈은 은거하여 학문에 전념하면서 심성수양의 실천에 힘을 쏟아 당대 경상우도 지역에서 중망을 받았으며, 조식·이황 등 당대 석학들과 교유하여 학덕으로 인정을 받았다. 저서로 『갈천집葛川集』이 있다.

장복추 張福樞 1815-1900

본관은 인동, 자는 경하景遐, 호는 사미헌四未軒이다. 경상도 칠곡 출신으로, 이진상 등과 교유하였다. 저서로 『사미헌집』이 있다.

장석영 張錫英 1851-1929

본관은 인동, 자는 석교碩敎, 호는 회당晦堂이다. 경상도 칠곡 출신으로, 1905년에 을사오적의 처형과 을사늑약 파기를 상소하였다. 1919년 3·1운동 때 곽종석 등과 파리장서를 작성하였으며, 성주 장날 만세운동에 가담하여 2년 동안 옥살이를 하였다. 저서로 『회당집』이 있다.

전식 全軾 1472-?

본관은 정선, 자는 희첨希瞻, 호는 농월정弄月亭이다. 경상도 안의현 영승 마을에 살았다.

전영 全榮 1609-1660

본관은 전주, 자는 달보達甫, 호는 두암斗巖이다. 전치원全致遠의 손자로, 경상도 초계 출신이다. 저서로 『두암집』이 있다.

정구 鄭逑 1543-1620

본관은 청주, 자는 도가道可, 호는 한강寒岡이다. 경상도 성주 출신으로, 김굉필의 외현손이다. 이황·조식에게 배웠다. 천거로 형조 참판 등을 지냈다. 저서로 『한강집』 등이 있다.

정면규 鄭冕圭 1850-1916

본관은 초계, 자는 주윤周允, 호는 농산農山이다. 경상도 삼가 출신으로, 기정진奇正鎭에게 배웠다. 저서로 『농산집』이 있다.

정식 鄭栻 1683-1746

본관은 해주, 자는 경보敬甫, 호는 명암明庵이다. 경상도 진주 출신으로, 명나라가 망하자 은거하여 산수 유람을 즐기며 살았다. 저서로 『명암집』이 있다.

정여창 鄭汝昌 1450-1504

본관은 하동, 자는 백욱伯勖, 호는 일두一蠹이다. 경상도 함양 출신으로, 김종직의 문하에서 수학하였다. 1490년에 문과에 급제하여 시강원 설서 등을 지냈으며, 1905년에 안의현감으로 부임하여 선정을 폈다. 1498년 무오사화 때 종성으로 유배되었다가 1504년에 졸하였다. 사후 갑자사화가 일어나 부관참시 되었다. 저서로 『일두유집』이 있다.

정온 鄭蘊 1569-1641

본관은 초계, 자는 휘원輝遠, 호는 동계桐溪이다. 정유명鄭惟明의 아들로, 정인홍鄭仁弘에게 수학하였다. 경상도 안의현 원학동에 살았다. 1610년에 문과에 급제하여 이조 참판 등을 지냈다. 임해군의 옥사 때 전은설全恩說을 주장하였고, 영창대군이 피살되자 격렬한 상소를 올렸다가 제주로 유배되있다. 인조반정 이후 다시 능용되어 대사간·대제학 등을 역임하였다. 1636년 병자호란 때 인조를 호종하여 남한산성에 들어갔는데, 청나라와 화친하기로 조정의 의논이 모아지자 오랑캐에게 항복하는 것을 수치스럽게 여겨 자결을 시도하였다. 이후 관직에서 물러나 낙향한 뒤 인근 모리某里에 은거하여 청나라 책력을 보지 않고 지내며 대명의리大明義理를 지켰다. 저서로 『동계집』이 있다.

정유명 鄭惟明 1539-1596

본관은 초계, 자는 극윤克允, 호는 역양嶧陽이다. 정온의 아버지로, 경상도 안의현 원학동에 살았다. 임훈·조식에게 수학하였다. 갈천서당이 임진왜란 때 소실되자 성팽년 등과 함께 중건하였다.

정윤시 鄭胤時 ?-?

구한말부터 일제강점기의 인물로 남규희南奎熙·서상훈徐相勳 등과 교유하였다. 도계정에 시를 남겼다.

정재규 鄭載圭 1843-1911

본관은 초계, 자는 후윤厚允, 호는 노백헌老栢軒이다. 경상도 삼가 출신으로, 기정진의 문하에서 수학하였다. 경상우도 지역에 스승의 학설을 펴서 노사학단이 형성되었다. 저서로 『노백헌집』이 있다.

정중원 鄭重元 1659-1726

본관은 초계, 자는 선장善長이다. 정온의 증손으로, 원학동에 살았다. 1678년에 진사시에 합격하였다. 정온이 은거하던 모리재 현창사업을 적극적으로 추진하였으며 「모리유사기某里遺事記」를 지었다.

정필달 鄭必達 1611-1693

본관은 진주, 자는 사겸士兼, 호는 팔송八松이다. 박민朴敏·정온鄭蘊 등에게 수학하였으며, 1645년에 문과에 급제하여 예조 좌랑·단양군수 등을 지냈다. 저서로 『팔송집』이 있다.

조경 趙絅 1586-1669

본관은 한양, 자는 일장日章, 호는 용주龍洲이다. 정수곤鄭壽崑의 증손으로, 윤근수尹根壽에게 배웠다. 1626년에 문과에 급제하여 대제학 등을 지냈다. 저서로 『용주집』이 있다.

조구명 趙龜命 1693-1737

본관은 풍양, 자는 석여錫汝, 호는 동계東溪이다. 우의정을 지낸 조상우趙相愚의 손자이고, 첨정을 지낸 조태수趙泰壽의 아들로, 소론 명문가문 출신이다. 1711년에 진사시에 합격하였다. 뒤에 문학이 있는 선비로 천거되어 공조 좌랑 등을 역임하였다. 저서로 『동계집東溪集』이 있다.

조긍섭 曺兢燮 1873-1933

본관은 창녕, 자는 중근仲謹, 호는 심재深齋이다. 영남의 큰 학자인 장복추張福樞·이종기李鍾杞·김흥락金興洛·곽종석郭鍾錫 등을 찾아 학문을 질정하였다. 20대에 『남명집』을 중간하는 사업에 참여하여 선배 유학자들과 교유하였다. 그리고 당대 문장가로 알려진 황현黃玹·김택영金澤榮·이건창李建昌 등과도 교유하였다. 저서로 『심재집』·『암서집巖西集』 등이 있다.

조수삼 趙秀三 1762-1849

본관은 한양, 자는 지원芝園, 호는 추재秋齋이다. 부친은 한성부 좌윤을 지낸 조원문趙元文이다. 신분적 제한으로 1844년 83세에 진사시에 합격하였다. 조수삼은 19세기 대표적인 여항시인閭巷詩人으로, 송석원시사松石園詩社의 핵심적인 인물이었으며 당대 쟁쟁한 사대부 문인인 김정희金正喜·조인영趙寅永 등과도 교유하였다. 또한 그는 중국 연경에 여섯 차례나 다녀왔으며, 우리나라 명승지를 두루 유람하며 많은 시를 남겼다. 저서로 『추재집』이 있다.

조술도 趙術道 1729-1803

본관은 한양, 자는 성소聖紹, 호는 만곡晩谷이다. 경상도 영양 출신으로, 조덕린趙德隣의 손자이다. 이상정李象靖과 김낙행金樂行에게 배웠다. 만년에 도산서원 원장을 지냈다. 저서로 『만곡집』이 있다.

조영석 趙榮祏 1686-1761

본관은 함안, 자는 종보宗甫, 호는 관아재觀我齋이다. 군수를 지낸 조해趙楷의 아들로, 이희조李喜朝에게 수학하였다. 1713년에 진사시에 합격한 뒤 천거로 등용되어 안의현감, 돈녕부 도정 등을 지냈다. 정선鄭敾·심사정沈師正과 함께 삼재三才로 일컬어지는 조선 후기의 유명한 화가로, 특히 풍속화의 성행을 이끈 인물이다. 저서로 『관아재고觀我齋稿』가 있으며, 후손들이 그의 작품을 모아 만든 『사제첩麝臍帖』이 있다. 안의현감을 지내던 1740년에 구연서원 관수루를 짓고 「관수루기」를 지었다.

조운도 趙運道 1718-1796

본관은 한양, 자는 성제聖際, 호는 월하月下이다. 경상도 영양 출신으로, 조덕린趙德隣의 손자이며, 조술도의 형이다. 조부가 소론으로서 노론과의 당쟁에서 희생되자, 과거를 포기하고 학문에 전념하였다. 저서로 『월하집』이 있다.

조위 曺偉 1454-1503

본관은 창녕, 자는 태허太虛, 호는 매계梅溪이다. 1474년에 문과에 급제하여 도승지·충청도 관찰사 등을 지냈다. 1498년에 명나라에 사신으로 다녀오던 중 김종직의 시고詩稿를 수찬한 장본이라 하여 의주에 유배되었다. 뒤에 순천으로 이배되어 그곳에서 별세했다. 조위는 순천 유배지에서 유배가사의 효시라고 하는 「만분가萬憤歌」를 지었다. 저서로 『매계집』이 있다.

조응경 趙應卿 1487-1549

본관은 함안, 자는 경로庚老, 호는 하구정下鷗亭이다. 1539년부터 1542년까지 안의현감을 지냈다.

조학 趙謔 1488-1566

본관은 한양, 자는 근여謹汝, 호는 수오재守吾齋이다. 조광조의 문인으로, 기묘사화 이후 원학동에 은거하였다.

최익현 崔益鉉 1833-1906

본관은 경주, 자는 찬겸贊謙, 호는 면암勉菴이다. 이항로李恒老에게 수학하였으며, 1855년에 명경과에 급제하여 호조 참판 등을 지냈다. 민씨 일족의 폐단을 비판하는 상소를 올렸다가 1873년에 제주로 유배된 뒤, 관직생활을 청산하고 위정척사의 길을 걸었다. 을사늑약이 체결되자 무효를 주장하며 오적의 처단을 주장하였다. 이를 계기로 무력적 항일의병운동으로 전환하였으나, 뜻을 이루지 못하고 대마도에서 옥사하였다. 저서로 『면암집』이 있다.

하겸진 河謙鎭 1870-1946

본관은 진양, 자는 숙형叔亨, 호는 회봉晦峯이다. 진주 출신으로, 곽종석에게 수학하였다. 우리나라 유현儒賢들의 학문과 연원을 정리하여 『동유학안東儒學案』을 편찬하였으며, 우리나라 시화를 정리하여 『동시화東詩話』를 편찬하였다. 저서로 『회봉집』이 있다.

하달홍 河達弘 1809-1877

본관은 진양, 자는 윤여潤汝, 호는 월촌月村이다. 진주 출신으로, 조성가趙性家 등과 교유하였다. 저서로 『월촌집』이 있다.

하천 河千 ?-?

고려 고종 때 인물로 문과에 급제하였다. 성품이 질박하고 곧았으며, 문장이 뛰어나 한 시대의 표전表箋이 모두 그의 손에서 나왔다.

허강 許堈 1614-1667

본관은 김해, 자는 사정士正, 호는 회계晦溪이다. 저서로 『회계집』이 있다.

허유 許愈 1833-1904

본관은 김해, 자는 퇴이退而, 호는 후산后山이다. 경상도 삼가 출신으로, 이진상李震相에게 배웠다. 곽종석 등과 학문을 토론하였다. 저서로 『후산집』이 있다.

홍언필 洪彦弼 1476-1549

본관은 남양, 자는 자미子美, 호는 묵재默齋이다. 1507년에 문과에 급제하여 영의정에 이르렀다. 저서로 『묵재집』이 있다.

황현 黃玹 1855-1910

본관은 장수, 자는 운경雲卿, 호는 매천梅泉이다. 전라도 광양 출신으로, 황시묵黃時黙의 아들이다. 1888년에 생원시에 합격한 뒤 과거를 단념하였다. 전라도 구례에 서재를 마련하고 독서와 저술을 일삼았다. 이건창李建昌·김택영金澤榮과 문명을 나란히 하였다. 1910년에 일제에게 나라를 빼앗기자 통분해 하며 절명시 4수를 남기고 자결하였다. 저서로 『매천야록梅泉野錄』 등이 있다.

주註

잊어버린 명승, 안의삼동安義三洞

1) 유홍준, 『나의 문화유산답사기』, 창작과비평사, 1993, 12면 참조.

2) 『世宗實錄』 「地理志」 安陰. “利安縣 本馬利縣 景德王改今名 爲天嶺郡領縣 減陰縣 本南內縣 景德王改名餘萬 爲居昌郡領縣 高麗改今名 顯宗戊午 皆屬陜州任內 恭讓王庚午 置減陰監務 以利安屬之 本朝 太宗十七年丁酉 採二縣名 皆爲安陰”

3) 『新增東國輿地勝覽』 권31, 安陰縣, 建置沿革.

4) 申佐模, 『澹人集』 권8, 「噴雪潭」. “信知三洞勝 奇絶冠山南”

5) 沈象奎, 『斗室存稿』, 尺牘, 「安義政座下」. “三洞之勝 甲於嶺湖”

6) 金昌翕, 『三淵集』 권8, 「安陰三洞」.

7) 趙龜命, 『東谿集』, 권2, 「遊尋眞洞記」. “安陰三洞 名於嶺表 右爲花林 左爲猿鶴 中則尋眞也”

8) 趙龜命, 『東谿集』 권2, 「遊尋眞洞記」. “過涉者十餘里 路傍有小巖 刻尋眞洞三字 過此石 始有盤陀 而水始有滙涵者 行五六里 抵釜潭 大石彌亘 中爲絶崖 漫流忽東下墜深潭 崖左 刻噴玉瀨 又數里 爲菜甕巖 石逐釜潭 而水勢益峻 崖左右 俱刻龍吟瀨 有石凹呀然 深可丈餘 -중략- 行

數百步抵寺”

9) 盧禛, 『玉溪集』 권5, 「遊長水寺記」. “縣治之西 遠有東西兩峯相峙 自德裕迤邐而至 蜿蜒十許里間 環屈而窮焉 爲一洞府 其峯之稍拔而峻者 智雨山也 山之下 有水源 源透迤蛇屈 至一處 絶壁千仞 飛流奔瀉 宛然如千尺脩練自天而垂者 瀑布也 瀑布之下 雪浪飜蹴 噴煙泄霧 白氣射天不可窺者 龍湫也 由龍湫抵谷口 巖石平鋪 溪流曲折 琮錚然作響 在在皆是 龍湫之上 有一巨刹 口長水 梵宮禪寮 金碧眩耀 觀遊者 咸投此而盡賞焉 其南偏搆樓三楹 下俯巖湫 老樹數十株 扶疏絶崖 登而窺其外 則恍乎其天漢之下垂也 異乎其白虹之映空也 深潭泓黑 巖竇怪奇 可驚可愕 殆不可狀 故旁郡之稱山水之美者 必歸之智雨 而評諸刹之勝 必以長水爲首 然地仄而宅幽 文人儒士 多不識其勝 自遠而遊者 罕至 故名亦不甚着焉”

10) 『新增東國與地勝覽』, 安義縣, 風俗. “强悍爭鬪”

11) 『輿地圖書』, 安義縣, 風俗. “强悍爭鬪(勝覽) 〈新增〉崇節尙儉(文獻公鄭汝昌 莅縣導率之後 儒賢輩出 舊俗丕變)”

12) 李重煥, 『擇里志』, 「八道總論」, 慶尙道. “德裕東南 爲安陰縣 是桐溪鄭蘊之鄉 蘊官至吏曹參判 丙子淸兵之圍南漢也 蘊以爲不可背明降淸 仁祖下城 蘊以刃刺腹而絶 其子弟納腸縫住 久而得甦 及淸兵之回 卽還鄉 不復仕于朝”

13) 申佐模, 『澹人集』 권8, 「過葛川」

안의삼동의 으뜸, 원학동猿鶴洞

1) 宋秉璿, 『淵齋集』 권22, 「遊安陰山水記」. “統論三洞 定其甲乙 則松臺

之幽節 搜勝之奇麗 當爲傑然 故花林尋眞 難以抗猿鶴矣 花林之淸泉白石 亦處處可亭 而尋眞一區 風斯在下 抑如孫興公之評潘陸文章 所謂爛若披錦 排沙簡金也歟”

2) 張錫英, 『晦堂集』 권1, 「搜勝臺 次退陶李先生韻」.

3) 李萬敷, 『息山集』 別集 권3, 地行錄 八, 「猿鶴洞記」. “德裕東南曰 猿鶴洞洞下卽感陰古治 桐溪翁之世居也 村西小山 皆石崒嵂如列戟 別得名曰金猿村 東卽得大石壓流者三 曰滌愁巖 轉西南 緣溪百餘步 又得大石無敵石補其頂 可容數十人坐 松有老者枯者 老有厚陰 枯有古色 前俯水委會黛蓄 名曰愁送臺 昔退陶李先生 改名搜勝 葛川翁 作詩解之 有愁送春愁送君之語云 自愁送五六里 過石門入葛川洞 洞府重豁 林麓束隘 爲別一界 葛川翁與弟瞻慕堂 隱居行誼 雙旌在閭首 可式 少北有屛潭精舍 林氏別業也 更西上 石益白 水益蕩激 上下數里 大抵一體 其得名者 第一曰滙巖 南有小谷 曰某里 桐溪鳩巢在焉 第二曰釜淵 第三曰外筍巖 第四曰內筍巖 第五曰鐘淵 第六曰松巖 石層淨潔 淸流交絡 水花爛開 禽鳥亦若樂閒慕靜 與遊人偕來 又上一麓而下 則稱月城 其闢視葛川僅三之一 而人居亦然 其西曰藍嶺 猿鶴洞窮焉”

4) 閔仁伯, 『苔泉集』 권5, 「遊賞-安陰迎勝洞」. “因入安陰迎勝洞 林葛川薰居于此 余投刺 卽出迎 年過稀耋 鬚眉皓白 儀容端重 語音明朗 眞物外鸞鶴也 見其門 丹旌雙列 俱稱孝子 一則葛川 一則其弟參奉芸也 殺鷄爲黍而供之 俄而有年少四儒生來坐 共談四隣邑宰賢否 蓋知我聘君 時爲居昌倅而發也 論說極銳 葛川無一語 言訖 乃曰 君輩只饒口舌 故有此言也 若當其地 則斯亦不易矣”

5) 林眞怤, 『林谷集』 권2, 「奉呈猿鶴洞老人」.

6) 安德文, 『宜庵集』 권1, 「遊猿鶴洞留葛川林氏庄」.

7) 宋明欽,『櫟泉集』 권3,「重遊猿鶴洞 次李生宅銓所藏三淵韻」.

8) 吳翻,『天坡集』 권4,「游愁送臺記」. "德裕之南有洞天 名曰猿鶴 古處士林葛川薰居之 世稱武陵桃源 淸泉白石 上下五十餘里 無濟勝之具 則不得窮其源"

9) 陶潛,『陶淵明全集』「花源記」. "土地平曠 屋舍儼然 有良田美池桑竹之屬 阡陌交通 鷄犬相聞 其中往來種作男女衣著 悉如外人 黃髮垂髫 竝怡然自樂"

10) 吳國獻,『漁隱集』 권1,「猿鶴洞道中」.

11) 李萬敷,『息山集』 別集 권3, 地行錄八,「猿鶴洞」.

12) 李萬運, 『黙軒集』 권1,「猿鶴洞」.

13) 趙述道,『晩谷集』 권1,「愁送臺」.

원학동의 꽃, 수승대搜勝臺

1) 위의 시 옆에 "癸亥四月 趙榮祏書"라고 써 놓았다.

2) 安德文,『宜庵集』 권1,「搜勝臺 敬次退溪先生韻」.

3) 金麟燮,『端磎集』 권1,「搜勝臺 用退陶先生韻」.

4) 崔益鉉,『勉菴集』 권2,「搜勝臺 次退溪先生韻」.

5) 宋秉璿,『淵齋集』 권22,「遊安陰山水記」. "統論三洞 定其甲乙 則松臺之

幽絶 搜勝之奇麗 當爲傑然 故花林尋眞 難以抗猿鶴矣"

6)『居昌郡誌』「形勝-搜勝臺」. "白石平鋪 周可數畝 長川噴壑 窟曲爲淵 臺據其上 特起百尺 臺下 有窟 可坐數十人"

7) 南公轍『金陵集』권12, 「風珮亭記」. "臺上可坐宴 下空廣 人行如屋廡下 石乳下垂 青瑩膩滑 間作紺碧色 水匯爲方塘 樹木掩翳 紅綠蕩漾 如琉璃世界"

8) 朴絪, 『无悶堂集』 권1, 「搜勝臺 次退溪先生韻」.

9) 任㙉, 『水村集』 권3, 「愁送臺 次石上退陶先生韻」.

10) 張福樞, 『四未軒集』 권1, 「搜勝臺 敬次退陶先生韻」.

11) 兪泓, 「搜勝臺」, 『경상도읍지』(아세아출판사 영인본) 제1책 794면.

12) 成彭年, 「搜勝臺」『경상도읍지』(아세아출판사 영인본) 제1책 794면.

13) 李是遠, 『沙磯集』 권1, 「搜勝臺 敬次退溪先生韻」.

14) 李建昌, 『明美堂集』 권10. 「搜勝臺記」. "岡巒巖壑 掩暎虧蔽於松林之中 有一物出於溪上 望之穹然者 臺也 臺爲溪中一大石 高數十丈 上可坐百人 登而望之 則遠近諸山 無不廻巧獻媚 拱揖俯仰於臺之前後左右 而水之流於其上者 如環如璧如練如縠 方圓曲直 飛伏動靜之狀 無不極臻其妙 明秀蘊藉 綿延幽眇 若不可以窮也 臺之上 有松百株 自生於嵌空 累石於其四隅如垣"

15) 柳宗元, 『柳河東集』 권26, 「邕州馬退山茅亭記」. "夫美不自美 因人而彰 蘭亭也 不遭右軍 則淸湍脩竹 蕪沒于空山矣"

16) 成石谷: 成彭年(1540-1594)을 말함. 석곡은 그의 호이다.

17) 愼樂水: 愼權(1501-1573)을 말함. 요수는 그의 호이자, 정자 이름이다.

18) 河達弘, 『月村集』 권6, 「搜勝臺記」. "由迦葉北行十里 至搜勝臺 卽葛川林先生杖屨之所 而三洞之最勝也 一嵁巖陡立溪邊上 可坐數百人 巖上數株矮松 扶疎遮日 兩岸十里長林 綠陰甚密 環臺四面 列書前人姓名詩句 有石瓮可藏數斗酒 臺下盤陀白石 達于兩岸 水自月城葛川來者 至此 始大平鋪徐行 自成錦紋 激觸相濺 若聽琴瑟 洄爲深淵 淸而平者 且數畝 左樂水亭 右龜川書院 成石谷愼樂水諸賢妥靈之所也 其淸麗奇絶殆不可盡狀 在昔 新羅時 送使入中國 路出臺下 列邑守宰 至此餞行 臺以是得愁送之名 而退溪先生改名搜勝 吾聞賢人所過山川草木 皆有精采 以玆臺之勝 葛川居之 退溪命之 地益勝名益著 宜矣"

19) 鄭載圭, 『老栢軒集』 권1, 「搜勝臺 謹次退溪先生韻」.

20) 李建昌, 『明美堂集』 권10, 「搜勝臺記」. "或云 當新羅百濟時 兩國之使相送于此 輒不勝其愁 故以稱"

21) 李建昌, 『明美堂集』 권10, 「搜勝臺記」. "或云 臺之勝 使人忘愁 愁送猶送愁也"

22) 河達弘, 『月村集』 권6, 「搜勝臺記」. "在昔 新羅時 送使入中國 路出臺下列邑守宰 至此餞行 臺以是得愁送之名"

23) 李滉, 『退溪集』 別集 권1, 「寄題搜勝臺」. "安陰古縣 有石臨溪 俗名愁送臺 泉石最勝 余於是行 以不暇往見爲恨 亦嫌其名之不雅 欲改爲搜勝諸公皆肯之"

24) 林薰, 『葛川集』 권1, 「解愁送意以示諸君」. "時退溪先生 改臺名搜勝 故作此以解之"

25) 林薰, 『葛川集』 권2, 「先府君行狀」. "女三人 長適訓導愼權 有五子一女"

26) 李建昌, 『明美堂集』 권10, 「搜勝臺記」. “臺之北 臨溪爲亭 扁曰樂水 樂水者 處士愼權之號也 繼林葛川而居於此 退溪之命名也”

27) 林薰, 『葛川集』 권2, 「庚午召對草」. “又啓曰 小臣惶恐 願達一說 李滉下去事 深用未安 夫李滉 不世出之賢也 方今聖上 春秋未高 聖學亦方將就 如李滉之人 離去左右 初也妄意 至爲未安 上曰 汝知李滉乎 啓曰 臣未嘗一見其面 然豈不知其賢乎”

28) 李建昌의 「搜勝臺記」에 보인다.

29) 李滉, 『退溪集』 別集, 권1, 「寄題搜勝臺」.

30) 林薰, 『葛川集』 권1, 「解愁送意以示諸君」. “時退溪先生 改臺名搜勝 故作此以解之”

31) 林薰, 『葛川集』 권1, 「解愁送意以示諸君」.

32) 李滉, 『退溪集』 권41, 「遊小白山錄」.

33) 曺植, 『南冥集』 권2, 「遊頭流錄」.

34) 林薰, 『葛川集』 권3, 「登德裕山香積峯記」. “苟有觀山之勝 而有得於心焉 則豈必賴人之遺迹乎”

35) 林薰, 『葛川集』 권3, 「書兪子玉遊頭流錄後」. “山水者 天地間一無情之物 而厚重周流 實有資於仁智之樂矣 是以 世之求道者 不特於堯舜孔氏 而未嘗不之此焉”

36) 거창문화원, 『居昌金石文大觀』 22면, 「葛川 林薰의 解愁送詩」.

37) 曺植, 『南冥集』, 「南冥先生編年」 66세(병인년)조, “三月 及林葛川盧玉溪姜介庵 遊安陰之玉山洞 (…) 遂與之同遊 自猿鶴洞 歷長水洞 至玉山

洞 還集葛川精舍 留一日而返"

38) 吳翻, 『天坡集』 권4, 「游愁送臺記」. "自滁愁岩 過長堤數十步 到愁送臺 臺峙於溪心 而其高數仞袤倍之 渾然一塊石也 長松生於石罅 環立四面 爽氣常留 石面有刻詩云 愁送名新換 逢春景益佳 遠林花欲動 陰壑雪猶埋 未寓搜尋眼 遙增想像懷 他年一樽酒 巨筆寫雲崖 乃退溪先生寄林處士詩也 所謂名新換者 退溪要以搜勝二字 改臺名 而林處士和曰 春將去處人將去 不獨愁春愁送君 仍舊不改云"

39) 李建昌, 『明美堂集』 권10, 「搜勝臺記」. "後愼氏世守其居 多科宦 有力過林氏 乃曰 臺我家物也 爲詩而刻于臺之陰 盛推其祖 以爲臺之主人 又刻其子孫宗族之名於其下 累累如碑碣之系者 凡守宰使客之往來 而求是臺者 皆知有愼氏 而不知林氏 林氏大恚曰 此葛川杖屨之所也 彼愼何與焉 於是林愼交惡 訟之縣之監司之政府 互相勝負 至今百年而不決 其間以訟死者幾人 敗家蕩産者 大略相當 南方之士 多右林氏 然以余觀之 臺者 水中之一石耳 非如田宅園囿之物 可以有主也 何訟之有 余旣嘉其地之美 而憫夫二氏之陋也 并書之以爲記"

40) 오필제, 『명승 수승대』 97~101면 참조.

41) 沈錥, 『樗村遺稿』 권8, 「桐溪丙子所居 稱某里 以只看花葉驗時移一句見之 百載之下 令人起立 葛川兄弟 有高風遠韻 固宜邦人之所誦慕 而愼氏鄕祠 乃因子孫 又復揄揚 此豈可與桐溪葛川 比擬論者耶」.

42) 申佐模, 『澹人集』 권8, 「搜勝臺 謹次退溪先生韻」.

43) 趙應卿, 「搜勝臺」, 『경상도읍지』(아세아출판사 영인본) 제1책 794면.

44) 李佑贇, 『月浦集』 권1, 「搜勝臺 次退溪先生韻」.

45) 申佐模, 『澹人集』 권8, 「搜勝臺 謹次退溪先生韻」.

46) 李震相, 『寒洲集』 권3, 「搜勝臺 敬次退陶韻」. 판본에 따라 글자 출입이

있는데, 다른 판본에는 「搜勝臺 在安義 敬次退陶韻」라는 제목으로 되어 있으며, 시는 "秀巖霜不泐 急瀨雨添佳 吼聲如有怒 傲骨未全埋 廿載經過迹 千秋緬仰懷 此世名爲累 何勞斵翠厓"로 되어 있다.

47) 金麟燮, 『端磎集』 권5, 「搜勝臺 次退陶韻」.

48) 宋秉璿, 『淵齋集』 권1, 「搜勝臺 敬次退溪韻」.

49) 金昌翕, 『三淵集拾遺』 권7, 「風雨乍霽 登愁送臺」.

50) 鄭栻, 『明庵集』 권2, 「題名搜勝臺」.

51) 趙秀三, 『秋齋集』 권4, 「搜勝臺」.

52) 趙運道, 『月下集』 권1, 「搜勝臺」.

53) 黃玹, 『梅泉集』 권1, 「搜勝臺 次舊韻」.

54) 金澤榮, 『韶濩堂集』 詩集 권2, 「搜勝臺」.

55) 全榮, 『斗巖文集』 권1, 「愁送臺」.

56) 全榮, 『斗巖文集』 권1, 「愁送臺」.

57) 沈錥, 『樗村遺稿』 권8, 「愁送臺」.

58) 李萬敷, 『息山集』 別集 권3, 地行錄 八, 「愁送臺」.

59) 李建昌, 『明美堂集』 권3, 「愁送臺歌 寄厚卿熙叟」.

60) 河達弘, 『月村集』 권3, 「登搜勝臺」.

61) 李宜活, 『雪川集』 권1, 「登搜勝臺」.

62) 鄭必達, 『八松集』 권1, 「愁送臺 望某里」.

원학동의 명승과
그 속에 깃든 이야기

1) 閔仁伯, 『苔泉集』 권5, 「遊賞-安陰迎勝洞」. "因入安陰迎勝洞 林葛川薰居于此 余投刺 卽出迎 年過稀耋 鬚眉皓白 儀容端重 語音明朗 眞物外鸞鶴也 見其門 丹旌雙列 俱稱孝子 一則葛川 一則其弟参奉芸也 殺鷄爲黍而供之"

2) 李滉, 『退溪集』 別集, 권1, 「迎勝村留題四樂亭幷序」. "迎勝村 舊名迎送 爲其不雅 改送爲勝 就其聲相近也 村有泉石之勝 且時方早春 景物向新 故謂之迎勝 所以記一時之勝也 四樂亭 臨溪新構 往年余所名而寄題者也"

3) 李滉, 『退溪集』 續集, 권1, 「寄題四樂亭幷序」. "安陰縣 有村曰迎送 山水淸麗 土地沃饒 有全氏世居之舊 構亭溪上 頗幽絶 外舅權公自謫所歸 寓居是村 得是亭而說之 晨往而夕忘歸 以書抵京 求亭名與詩 余飽聞勝槪 欲一往而不得者 今十年矣 顧以村居之中 可樂者非一 求其可與衆樂者 又可以獨樂者 惟農桑漁樵四者爲然 故亭名曰四樂 而係以詩"

4) 李滉, 『退溪集』 別集 군1, 「迎勝村留題四樂亭」.

5) 宋鎬文, 『柳下聯芳集』, 「鎭洞巖」.

6) 鄭蘊, 『桐溪集』 권1, 「長風路上」.

7) 洪彦弼, 『默齋集』 권1, 「三洞紀行 乙酉-滌愁巖」.

8) 成彭年, 「滌愁巖」, 『거창군사』 1282면.

9) 李建昌, 『明美堂集』 권3, 「滌愁巖」.

10) 宋穉圭, 『剛齋集』 권8, 碑, 「龜淵書院事蹟碑」. "安義 山水鄕也 蓋多名

碩出於其間 豈磅礴明淑之所鍾氣耶 縣北四十里之猿鶴洞 有搜勝臺 臺之傍 有龜淵書院 院之所建祠妥侑而瞻依矜式者 鄕之三賢 樂水先生愼公 諱權字彦中 石谷先生成公 諱彭年字頤翁 曰黃皐先生諱守彛字君敘而樂水五世孫也 三賢者 皆以拔萃之資 篤於孝友 絶今學古"

11) 愼守彛, 「觀水樓」, 『경상도읍지』(아세아출판사 영인본) 제1책 795면.

12) 趙榮祏, 「觀水樓」, 『경상도읍지』(아세아출판사 영인본) 제1책 795면.

13) 趙秀三, 『秋齋集』 권4, 「樂水樓」.

14) 郭鍾錫, 『俛宇集』 권4, 「門巖」.

15) http://www.cha.go.kr

16) 曺偉, 『梅溪集』 권3, 七言長篇, 「伽葉庵」.

17) 거창문화원, 『거창의 누정』, 1998, 201~211면 참조. "盖三洞素是名區 而龍巖尤亦勝也 -중략- 噫 吾祖考 嘗有志於此 而與小子 訪花隨柳 而盤旋於龍巖之上 吾先君亦有意於此 而與小子 乘春俟秋 而逍遙於龍巖之上 而因循未遑 哀此小子 敢繼先志 謀告于仲季父 又與諸從 同心合力 玆構一亭 -중략- 而登斯亭也 徘徊於八間之軒 而北以望之 則洞天幽深 西以向之 則猿山削立 於南有鶴潭之深 於東有觀水之術 彼洛江名亭多則多矣 而止于通眼界開襟懷而已"

18) 거창문화원, 『거창의 누정』, 1998, 201~211면 참조.

19) 鄭蘊, 『桐溪集』 권2, 「葛川林先生旌門重修記」. "先生孝友之行 自家施於鄕 由鄕達于國 人皆耳以聞之 目以旌之 心以銘之 固未嘗加損於門之存廢也 然而國家必表而榮之者 非直爲觀美也 將使人人有所觀感 發其固有之良心也 嗚呼 孰不有父母 孰非爲父母之子 如使過斯門者 仰而觀俯而敬 則孝悌之心 必油然而生 門一間而興孝於一國 旌一人而明教於萬世 則斯門之有功於世道 尙矣 "

20) 沈錥, 『樗村遺稿』 권8, 「葛川」.

21) 趙絅, 『龍洲遺稿』 권2, 「宿安陰林葛川書院」.

22) 張福樞, 『四未軒集』 권7, 「葛川書堂重建記」. "嗚呼 堂之興廢 其有關於吾道之幸不幸歟 昔我先生於葛川三舍地 得磨學洞 爲伯仲季論道講學之所而興之 以仲公粹資純行 遽先夭折而廢焉 其幸不幸一也 因成石谷鄭嶧陽之幹其事 鄭八玩愼聽松之贊其謨 季先生瞻慕公之授其制 知州二李公之厚助米粟 乃徙葛川西石潭下回巖上而興之 後値兵燹而廢焉 其幸不幸二也 亂已 一鄕章甫 慨依歸之無所而興之 旋遭回祿之災而廢焉 其幸不幸三也"

23) 尹胄夏, 『膠宇集』 권1, 「葛川書堂」.

24) 林薰, 『葛川集』 권1, 「駕仙亭壽席 次梁居昌韻」.

25) 鄭蘊, 『桐溪集』 권1, 「登降仙臺」.

26) 尹胄夏, 『膠宇集』 권1, 「降仙臺」.

27) 鄭蘊, 『桐溪集』 권2, 「某里鳩巢記」. "歲丁丑春 桐溪鼓鼓翁 自南漢歸鄕里 身病且老 知無復有爲於斯世 求可以終老之地 而適得斯洞焉 於是鼓鼓翁悅其名 乃搆木爲數架之巢 如鳩之拙 故名之 明年夏 曳病來處 所隨者 一部朱書也 所從者 數三童冠也 於是焉寢宿 於是焉遊處 不知老之將至焉 不知人間之有毁譽欣慼焉 不見催科督賦之官吏焉 不聞黜陟擠援之朝政焉 "

28) 鄭蘊, 『桐溪集』, 권1, 「書崇禎十年曆書」.

29) 鄭載圭, 『老栢軒集』 권1, 「某里齋 謹次先生題崇禎曆面詩」.

30) 曺兢燮, 『深齋集』 권4, 「某里」.

31) 鄭蘊,『桐溪集』권1,「某里卜居 戊寅春」.

32) 林眞怤,『林谷集』권2,「憶某里」.

33) 沈錥,『樗村遺稿』권8,「桐溪丙子所居 稱某里 以只看花葉驗時移一句見之 百載之下 令人起立 葛川兄弟 有高風遠韻 固宜邦人之所誦慕 而愼氏鄕祠 乃因子孫 又復揄揚 此豈可與桐溪葛川 比擬論者耶」. "澗戶初開第一關 登登强欲更躋攀 馬蹄不慣崎嶇路 泉脉潛騰屈曲山 晉氏春秋稱某里 韋家花樹說玆間 不知香火溪邊屋 月旦評中若是班"

34) 李震相,『寒洲集』권3,「某里精舍 敬次文簡公韻」.

35) 鄭蘊,『桐溪集』續集 권3, 附錄, 鄭重元 撰,「某里遺事記」. "當崇禎末吾先祖以是氣托某里 文山所謂地維賴以立 天柱賴以尊 三綱-缺-係命 道義爲之根者 非耶 古語曰 書焚氣不焚 吾亦曰 堂雖焚 氣不焚 因其址復其堂 以求是氣之所托 而倣滄洲精舍儀 用寓追仰之誠 則曷謂依像之無其所焉 且山中所披閱朱書數卷 偶緣散佚在家 舊曆卷面手題詩二十八字 有摹本在 以此奉而藏于堂如初 庶幾永世之下 遺蹟不至全泯也"

36) 鄭蘊,『桐溪集』속집 권3, 附錄, 權以鎭 撰,「某里遺墟碑」. "夫人有秉彝 不能不慕義 義有大小 事有高低 則其慕之感之 亦有淺深緩急 若桐溪先生 義烈蓋宇宙 某里者 所處義之地也 後之人 因跡興感 則仰先生之大義 油然興起其尊華賤夷 忠國愛君之心 固有泫然泣下 裂眦扼腕思喪元首之無地者 是地之有益於彝倫 豈偶然哉 然則是豈可不識也"

37) 許愈,『后山集』권1,「某里歌」.

38) 尹冑夏,『膠宇集』권1,「自草堂 向某里」.

39) 河達弘,『月村集』권6,「某里記」. "余生晩異代 恨不得摳衣於先生之門今而登斯樓 不覺擊節曠感 孟子所云 廉頑立懦 正爲此耳 洞口別無泉石可翫 但深邃而已 且先生命名之意 出於晦名 不欲使人知其爲誰某

故曰某里 然自是洞名益著 與伯夷之西山 魯連之東海 當併美於千古矣 先儒以朱子之不幸 爲武夷之幸 而余亦爲先生之不幸 卽某里之幸也"

40) 李承熙,『大溪集』續集 권6,「某里紀行錄序」. "某里 何里也 夫以某求里 將不可得其里矣 然今天下 只一某里矣 則曰某里 亦足矣 嗚乎 何獨某里之爲某里而足 雖使天下而某里 亦可也 某年月日 某從某公某友後講某書于某鄕 遂之某里 有契事 旣禮 飮于某堂 盤礴某水某山而歸 族從某君 又追記某地某日某事某說 第次而總之 爲某里紀行錄 以是遊之以某里爲盛也 其爲名錄 則悉書某姓某名某甲某州某里 只傍注其下而表之 要使某與某 皆得爲某里之人 其意良亦苦矣 然謂之某 則無名矣是可名而云哉 必有某里人 而後有某里焉 -중략- 嗚乎 使錄中而皆是心也 卽居眞某里也 推之而某鄕某國 皆某里 而將天下 皆某里也 遊於是乎 大矣 某年月日某序"

41) 尹胄夏,『膠宇集』권15,「某里紀行錄序」. "噫 某年以前 則天下皆某里除一鐵木 則千古皆某里也 生乎某里之世 能無愧爲某里人者 千古果某某耶 在殷 叩馬歸來 採西山之薇者 某某 在周 一言折梁客 高蹈於滄海者 某 五柳閉門 咏荊卿於歲暮者 晉處士某 燕樓三年 歌正氣而自終者宋少保某也 人生秉彝之天 衆所固有 而求之千古 何其不多也 其後千年 有先生事於吾東 何其未易也 噫 是皆不幸不辰 用此箇於一身者也若其得志得時 佐聖主出治 則可使天下皆囿於某里 而命也 不可力也 惟扶竪得此物事 遺之後世 以存天下之防 以待天運之復 則大丈夫之能事也 何其壯也 相從於巖穴之間 講此義守此道 修之身以俟者 是亦千古某某 某里先生之遺意也 吾輩盍遊從於是洞 思所以報某某耶"

42) 郭鍾錫,『俛宇集』권141, 跋,「某里紀行錄」. "某歲之春 余從諸士友 修契事于某里 -중략- 今誠因先生命里之本意 知李君所以某我姓某我名字某我年甲某我鄕里 一功諱之而不欲表出者 爲某事故也 各勵白刃剚腹之志 咸懷花葉驗時之悲 綱常義理 與心不泯 久乃昭晣 無有遠邇 令天下人人某某 同一此心 則人心定而天地憤鬱之氣 或當有夤緣發洩之會 而日月得以改觀 山河得以再造 環區域林林職職 皆將披陰翳蛻汚濁而讙呼鼓舞 以自新矣 於是而爲某某者 始相與開懷舒氣 怡顔展眉 道

姓名計年甲 而安其鄕里 明白而不諱 樂生而無不幸焉 則不亦佼乎 衆皆揮淚扼腕而作曰諾"

43) 河謙鎭, 『晦峯遺書』 續集 권1, 序, 「送鄭泰衡東均 歸某里序」. "苟無如先生之浩然南下 築室於某里 則將何以有辭於天下萬世哉 綱常以之而立 賊臣以之而懼 其忠功偉烈 如何其壯也 然則春秋大一統 謂之全在於是 未爲不可 萬一天心悔禍 使先生之遺風餘韻 藹然流被宇宙而不泯也 則玆鄕也 卽汴都之鄕也 斯民也 卽崇禎之民也 豈不盛歟"

44) 鄭冕圭, 『農山集』 권10, 跋, 「書明湖子某里紀行錄後」. "蓋士之於道 如臣之於君國 將輪虜而爲臣者 不思殉君 是不臣矣 人將化獸而爲士者 不思殉道 是不士矣 今日之事 韋布亦有責焉 雖出而無爲 爲屋裏高人所笑 有所不辭是 則湖君已矣 錄將還奮筆書此 世有憂道君子 願以質之"

45) 申佐模, 『澹人集』 권8, 「噴雪潭」.

46) 姜璲桓, 『雪嶽集』 권1, 「噴雪潭」.

47) 河達弘, 『月村集』 권6, 「遊月城記」. "自某里 渡小溪 行十餘里 有二道 其一北出山水洞 日暮不得入 其一小西而南 行至月城洞 口得石泓 狀如剖甕側立 上有盤陀 老石平鋪 數十席許 跳波相濺 如煙如雪 淙淙激激 幽然其鳴 同春宋文正公 嘗手書噴雪潭 至今刻畵宛然"

48) 許墹, 『晦溪集』 卷上, 「松臺記」. "臺 以松名者 志臺上有松也 古者 有物卽以名之 以示不忘 則臺之得此名者 亦有取於此義也歟 嗚呼 臺之名豈偶然哉 昔我南冥曺先生 不事王侯 優遊物外 嘗往來於斯 而以爲休息之所焉 及先生之沒也 後人思之至 爲之建祠 而築之以石 樹之以松 因以名之 臺之名 自此始 一自祠宇之移臺爲荒草之所蒙翳 狐虺之所竄伏 人之往來而登玆臺者 孰不爲之歎惜也哉"

49) 郭鍾錫, 『俛宇集』 권1, 「松臺」.

50) 李東汲, 『晩覺齋集』 권1, 「松臺」.

51) 金墩, 『黙齋集』 권1, 「三洞紀行 乙酉-四仙臺」.

52) 宋來熙, 『錦谷集』 권1, 「松臺」.

원학동, 무엇을 볼 것인가

1) 朱熹, 『論語集註』, 권6, 「옹야(雍也)」 제21장 주.

2) 林億齡, 『石川集』 권1, 「寄聽松」. "常懷山水乞 只取一身養"

3) 朴英, 『松堂集』 권3, 부록, 成運 撰 祭文. "二樂山水 玩物觀理"

4) 林薰, 『葛川集』 권3, 「書兪子玉遊頭流錄後」. "山水者 天地間一無情之物 而厚重周流 實有資於仁智之樂矣 是以 世之求道者 不特於堯舜孔氏 而未嘗不之此焉"

5) 李滉, 『退溪集』 권37, 「答權章仲好文 丙辰」. "故吾以爲欲知二樂之旨 當求仁智者之氣象意思 欲求仁智者之氣象意思 亦何以他求哉 反諸吾心而得其實而已 苟吾心有仁智之實 充諸中而暢於外 則樂山樂水 不待切切然求 而自有其樂矣"

6) 洪仁祐, 『恥齋遺稿』 권3, 李珥 撰 「遊楓嶽錄跋」. "天壤之間 物各有理 上自日月星辰 下至草木山川 微至糟粕煨燼 皆道體所寓 無非至教 而人雖朝夕寓目 不知厥理 則與不見何異哉 士之遊金剛自 亦目見而已 不能深知山水之趣 即與百姓日用而不知自 無別矣"

7) 李珥, 『栗谷全書』, 收拾 권1, 「偶吟」. "非探山水興 聊以全吾眞 物我合一體 誰主誰爲客"

8) 曺植, 『南冥集』 권1, 「浴川」.

9) 曺植, 『南冥集』 권2, 「遊頭流錄」. "看來高山大川 非無所得 而比韓鄭趙三君子於高山大川 更於十層峯頭冠一玉也 千頃水面生一月也 海山三百里獲見三君子之迹於一日之間 看山看水 看人看世"

참고문헌

· 姜璲桓, 『雪嶽集』, 경상대학교 도서관 문천각 소장.

· 郭鍾錫, 『俛宇集』, 한국문집총간 제340~344책, 한국고전번역원.

· 金 墩, 『黙齋集』, 경상대학교 도서관 문천각 소장.

· 金麟燮, 『端磎集』, 경상대학교 도서관 문천각 소장.

· 金昌翕, 『三淵集』, 한국문집총간 제165~167책, 한국고전번역원.

· 金澤榮, 『韶濩堂集』, 한국문집총간 제347책, 한국고전번역원.

· 南公轍 『金陵集』, 한국문집총간 제272책, 한국고전번역원.

· 盧 禛, 『玉溪集』, 한국문집총간 제37책, 한국고전번역원.

· 陶 潛, 『陶淵明全集』, 문연각사고전서 제4013책.

· 閔仁伯, 『苔泉集』, 경상대학교 도서관 문천각 소장.

· 朴絪, 『无悶堂集』, 한국문집총간 속집 제21책, 한국고전번역원.

· 宋來熙, 『錦谷集』, 한국문집총간 제303책, 한국고전번역원.

· 宋明欽, 『櫟泉集』, 한국문집총간 제221책, 한국고전번역원.

· 宋秉璿, 『淵齋集』, 한국문집총간 제329~330책, 한국고전번역원.

· 宋鎬文, 『柳下聯芳集』, 경상대학교 도서관 문천각 소장.

· 申佐模, 『澹人集』, 한국문집총간 제309책, 한국고전번역원.

· 沈象奎, 『斗室存稿』, 한국문집총간 제290책, 한국고전번역원.

· 沈 錥, 『樗村遺稿』, 한국문집총간 제207~208책, 한국고전번역원.

· 安德文,『宜庵集』, 경상대학교 도서관 문천각 소장.
· 吳國獻,『漁隱集』, 경상대학교 도서관 문천각 소장.
· 吳　翻,『天坡集』, 한국문집총간 제95책, 한국고전번역원.
· 柳宗元,『柳河東集』, 문연각사고전서 제4065책.
· 尹胄夏,『膠宇集』, 경상대학교 도서관 문천각 소장.
· 李建昌,『明美堂集』, 한국문집총간 제349책, 한국고전번역원.
· 李東汲,『晩覺齋集』, 한국문집총간 제251책, 한국고전번역원.
· 李萬敷,『息山集』, 한국문집총간 제178~179책, 한국고전번역원.
· 李萬運,『默軒集』, 한국문집총간 제251책, 한국고전번역원.
· 李承熙,『大溪集』, 한국문집총간 속집 제147책, 한국고전번역원.
· 李是遠,『沙磯集』, 한국문집총간 제302책, 한국고전번역원.
· 李佑贇,『月浦集』, 경상대학교 도서관 문천각 소장.
· 李宜活,『雪川集』, 경상대학교 도서관 문천각 소장.
· 李重煥,『擇里志』, 이익성 옮김, 을유문화사, 2006.
· 李震相,『寒洲集』, 한국문집총간 제317~318책, 한국고전번역원.
· 李　滉,『退溪集』, 한국문집총간 제29~31책, 한국고전번역원.
· 任　埅,『水村集』, 한국문집총간 제149책, 한국고전번역원.
· 林眞怤,『林谷集』, 한국문집총간 속집 제22책, 한국고전번역원.
· 林　薰,『葛川集』, 한국문집총간 제28책, 한국고전번역원.
· 張福樞,『四未軒集』, 한국문집총간 제316책, 한국고전번역원.
· 全　榮,『斗巖文集』, 경상대학교 도서관 문천각 소장.

· 鄭冕圭,『農山集』, 경상대학교 도서관 문천각 소장.
· 鄭　栻,『明庵集』, 한국문집총간 속집 제65책, 한국고전번역원.
· 鄭　蘊,『桐溪集』, 한국문집총간 제75책, 한국고전번역원.
· 鄭載圭,『老柏軒集』, 한국문집총간 속집 제145~146책, 한국고전번역원.
· 鄭必達,『八松集』, 한국문집총간 제165~167책, 한국고전번역원.
· 趙　絅,『龍洲遺稿』, 한국문집총간 제90책, 한국고전번역원.
· 趙龜命,『東谿集』, 한국문집총간 제215책, 한국고전번역원.
· 曺兢燮,『深齋集』, 한국문집총간 제350책, 한국고전번역원.
· 趙秀三,『秋齋集』, 한국문집총간 제271책, 한국고전번역원.
· 趙述道,『晩谷集』, 한국문집총간 속집 제92책, 한국고전번역원.
· 曺　植,『南冥集』, 한국문집총간 제31책, 한국고전번역원.
· 趙運道,『月下集』, 경상대학교 도서관 문천각 소장.
· 曺　偉,『梅溪集』, 한국문집총간 제16책, 한국고전번역원.
· 崔益鉉,『勉菴集』, 한국문집총간 제325~326책, 한국고전번역원.
· 河謙鎭,『晦峯遺書』, 경상대학교 도서관 문천각 소장.
· 河達弘,『月村集』, 경상대학교 도서관 문천각 소장.
· 許　堈,『晦溪集』, 경상대학교 도서관 문천각 소장.
· 許　愈,『后山集』, 한국문집총간 제327책, 한국고전번역원.
· 洪彦弼,『默齋集』, 한국문집총간 제19책, 한국고전번역원.
· 黃　玹,『梅泉集』, 한국문집총간 제348책, 한국고전번역원.
· 거창문화원,『居昌郡誌』, 거창문화원.

· 『경상도읍지』, 아세아출판사 영인본.

· 『世宗實錄-地理志』

· 『新增東國輿地勝覽』

· 『輿地圖書』

· 거창문화원, 『居昌金石文大觀』, 거창문화원.

· 거창문화원, 『거창의 누정』, 거창문화원, 1998.

· 오필제, 『명승 수승대』.

· 유홍준, 『나의 문화유산답사기』, 창작과비평사, 1993.

찾아보기

ㄴ

ㄷ

ㅅ

ㅎ

남도 제일의 명승, 원학동

조선 선비들의 답사일번지

초판 1쇄 인쇄 • 2015년 5월 11일
초판 1쇄 발행 • 2015년 5월 18일
초판 2쇄 발행 • 2015년 6월 15일

지은이 • 최석기
펴낸이 • 권순기 | 경영 • 김명주
편집 • 김종길[책임편집], 이은애, 하상미 | 디자인 • 김성은

펴낸곳 • 경상대학교출판부
주소 • 경남 진주시 진주대로 501
전화 • 055) 772-0801~2
FAX • 055) 772-0809
E-mail • gspress@gnu.ac.kr
홈페이지 • http://gspress.gnu.ac.kr
등록 • 1989년 1월 7일 제16호

知&you 지앤유 는 국립 경상대학교출판부의 교양도서 브랜드입니다.

이 도서의 국립중앙도서관 출판시도서목록(CIP)은 서지정보유통지원시스템 홈페이지(http://seoji.nl.go.kr)와 국가자료공동목록시스템(http://www.nl.go.kr/kolisnet)에서 이용하실 수 있습니다.
(CIP제어번호: CIP2015013243)